Tributos federais
sobre circulação,
produção e comércio

volume 1

Central de Qualidade — FGV Management
ouvidoria@fgv.br

SÉRIE DIREITO TRIBUTÁRIO

Tributos federais sobre circulação, produção e comércio

volume 1

Joaquim Falcão
Sérgio Guerra
Rafael Almeida

Organizadores

Copyright © 2017 Joaquim Falcão; Sérgio Guerra; Rafael Almeida

Direitos desta edição reservados à
EDITORA FGV
Rua Jornalista Orlando Dantas, 37
22231-010 | Rio de Janeiro, RJ | Brasil
Tels.: 0800-21-7777 | 21-3799-4427
Fax: 21-3799-4430
editora@fgv.br | pedidoseditora@fgv.br
www.fgv.br/editora

Impresso no Brasil | *Printed in Brazil*

Todos os direitos reservados. A reprodução não autorizada desta publicação, no todo ou em parte, constitui violação do copyright (Lei nº 9.610/98).

Os conceitos emitidos neste livro são de inteira responsabilidade dos autores.

1ª edição — 2017

Preparação de originais: Sandra Frank
Editoração eletrônica: FA Studio
Revisão: Aleidis Beltran | Fatima Caroni
Capa: aspecto:design

Ficha catalográfica elaborada pela
Biblioteca Mario Henrique Simonsen/FGV

Tributos federais sobre circulação, produção e comércio, v.1 / Organizadores: Joaquim Falcão, Sérgio Guerra, Rafael Almeida. — Rio de Janeiro : FGV Editora, 2017.
188 p. — (Direito tributário (FGV Management))

Publicações FGV Management.
Inclui bibliografia.
ISBN: 978-85-225-1921-7

1. Direito tributário. 2. Impostos. 3. Imposto sobre produtos industrializados. 4. Contabilidade tributária. I. Falcão, Joaquim, 1943- . II. Guerra, Sérgio, 1964- . III. Almeida, Rafael. IV. Fundação Getulio Vargas. V. FGV Management. VI. Série.

CDD — 341.39631

Nossa missão é construir uma Escola de Direito referência no Brasil em carreiras públicas e direito empresarial, formando lideranças para pensar o Brasil no longo prazo e ser referência no ensino e na pesquisa jurídica para auxiliar o desenvolvimento e o avanço do país.

FGV DIREITO RIO

Sumário

Apresentação   11

Introdução   13

1 | Apresentação do módulo. Desafios da tributação nacional na era da economia digital. Comércio exterior. Noções gerais. GATT e a OMC. Mercosul e a TEC. Aspectos constitucionais dos impostos de exportação e importação (IE e II)   15

Roteiro de estudo   15
   Breve apresentação do tema   15
   Consolidação do comércio exterior   18
   Acordo Geral sobre Tarifas e Comércio ou General Agreement on Tariffs and Trade (GATT)   20
   Organização Mundial do Comércio   23
   Mercosul   32
   As instituições da política de comércio exterior do Brasil   33

Certificação de origem   38
Desafios da tributação nacional na era da economia digital e o combate à corrupção   42

Questões de automonitoramento   45

2 | Imposto de importação (II) e exportação (IE). Sujeição ativa e passiva. Fato gerador, base de cálculo e alíquota. Importação com e sem cobertura cambial. Drawback e Recof   47

Roteiro de estudo   47
   Noções gerais sobre política de comércio exterior   47
   Competência para legislar sobre o comércio exterior   48
   Jurisdição dos serviços aduaneiros   50
   Imposto de importação   50
   Imposto de exportação   89
   Regimes aduaneiros   96

Questões de automonitoramento   119

3 | Imposto sobre operações de câmbio e de crédito (IOF). O mercado de capitais e o IOF   121

Roteiro de estudo   121
   Aspectos constitucionais e gerais   121
   Sujeição ativa e passiva   133
   Hipóteses de incidência e bases de cálculo do IOF   133
   IOF-crédito   135
   IOF-câmbio   151
   IOF-seguro   159
   IOF-títulos   161

Questões de automonitoramento   167

4 | Sugestões de casos geradores   169

> *Apresentação do módulo. Desafios da tributação nacional na era da economia digital. Comércio exterior. Noções gerais. GATT e a OMC. Mercosul e a TEC. Aspectos constitucionais dos impostos de exportação e importação (IE e II) (cap. 1)*   169
>
> *Imposto de importação (II) e exportação (IE). Sujeição ativa e passiva. Fato gerador, base de cálculo e alíquota. Importação com e sem cobertura cambial. Drawback e Recof (cap. 2)*   170
>
> *Imposto sobre operações de câmbio e de crédito (IOF). O mercado de capitais e o IOF (cap. 3)*   170

Conclusão   175

Referências   177

Organizadores   181

Colaboradores   183

Apresentação

Aliada à credibilidade de mais de meio século de excelência no ensino de economia, administração e de outras disciplinas ligadas à atuação pública e privada, a Escola de Direito do Rio de Janeiro da Fundação Getulio Vargas – FGV DIREITO RIO – iniciou suas atividades em julho de 2002. A criação dessa nova escola é uma estratégia da FGV para oferecer ao país um novo modelo de ensino jurídico capaz de formar lideranças de destaque na advocacia e nas carreiras públicas.

A FGV DIREITO RIO desenvolveu um cuidadoso plano pedagógico para seu Programa de Educação Continuada, contemplando cursos de pós-graduação e de extensão. O programa surge como valorosa resposta à crise do ensino jurídico observada no Brasil nas últimas décadas, que se expressa pela incompatibilidade entre as práticas tradicionais de ensino do direito e as demandas de uma sociedade desenvolvida.

Em seu plano, a FGV DIREITO RIO assume o papel de formar profissionais preparados para atender às reais necessidades e expectativas da sociedade brasileira em tempos de globalização. Seus cursos reforçam o comprometimento da escola em inserir no mercado profissionais de direito capazes de lidar com áreas interdisciplinares, dotados de uma visão ampla das questões jurídicas e com sólidas bases acadêmica e prática.

A Série Direito Tributário é um importante instrumento para difusão do pensamento e do tratamento dado às modernas teses e questões discutidas nas salas de aula dos cursos de MBA e de pós-graduação, focados no direito tributário, desenvolvidos pela FGV DIREITO RIO.

Dessa forma, esperamos oferecer a estudantes e advogados um material de estudo que possa efetivamente contribuir com seu cotidiano profissional.

Introdução

Este volume, dedicado ao estudo de tributos federais sobre circulação, produção e comércio, tem origem em profunda pesquisa e sistemática consolidação dos materiais de aula acerca de temas que despertam crescente interesse no meio jurídico e reclamam mais atenção dos estudiosos do direito. A intenção da Escola de Direito do Rio de Janeiro da Fundação Getulio Vargas é tratar de questões atuais sobre o tema, aliando a dogmática e a pragmática jurídicas.

A obra trata, de forma didática e clara, dos conceitos e princípios dos tributos federais sobre circulação, produção e comércio do país, analisando as questões em face das condições econômicas do desenvolvimento do país e das discussões recentes sobre o processo de reforma do Estado.

O material aqui apresentado abrangerá assuntos relevantes, como:

1) comércio exterior – noções gerais;
2) imposto de exportação e de importação (IE e II);
3) imposto sobre operações de câmbio e de crédito (IOF).

Em conformidade com a metodologia da FGV DIREITO RIO, cada capítulo conta com o estudo de *leading cases* para auxiliar na compreensão dos temas. Com ênfase em casos práticos, pretendemos oferecer uma análise dinâmica e crítica das normas vigentes e sua interpretação.

Esperamos, assim, fornecer o instrumental técnico-jurídico para os profissionais com atuação ou interesse na área, visando fomentar a proposição de soluções criativas para problemas normalmente enfrentados.

1

Apresentação do módulo. Desafios da tributação nacional na era da economia digital. Comércio exterior. Noções gerais. GATT e a OMC. Mercosul e a TEC. Aspectos constitucionais dos impostos de exportação e importação (IE e II)

Roteiro de estudo

Breve apresentação do tema

O processo de cooperação e de integração comercial entre os países, como estratégia para potencializar o desenvolvimento econômico e social, "não tem sido, historicamente, uniforme, contínuo e linear".[1]

---

[1] COSTA, Leonardo de Andrade. A integração de mercados e as questões tributárias. Repercussões sociais. In: SEMINÁRIO BRASIL SÉCULO XXI: O DIREITO NA ERA DA GLOBALIZAÇÃO: MERCOSUL, ALCA E UNIÃO EUROPEIA: PALESTRAS, 2002, Brasília. *Anais*... Brasília: OAB, Conselho Federal, 2002. p. 107-117.

A projeção do tema no campo tributário, que inclui desde as tarifas aduaneiras e demais impostos incidentes sobre o consumo até o imposto sobre a renda, possui elevado grau de complexidade, tendo em vista que

> as diferentes formas em que se manifesta o processo integrativo determinam discussões tributárias de naturezas distintas, e, sem dúvida, os problemas tributários em face da criação de um Estado supranacional tem um grau de complexidade infinitamente superior ao do estabelecimento de uma união aduaneira ou de uma zona de livre comércio.[2]

De acordo com Béla Balassa,[3] que colaborou para o desenvolvimento das teorias de integração econômica, "a cooperação inclui uma ação tendente a diminuir a discriminação, enquanto que a integração pressupõe medidas que conduzem à supressão de algumas formas de discriminação". O economista húngaro exemplifica a distinção, qualificando os acordos internacionais sobre políticas comerciais como hipóteses de atos de cooperação, e como atos de integração a supressão de barreiras aduaneiras.[4]

Não obstante o exposto, a simples existência de relações de troca entre as nações já pode denotar um sinal de integração, apesar de os liberais salientarem que a verdadeira integração econômica pressupõe a abolição das restrições aos movimentos de mercadorias entre Estados, isto é:

> a eliminação dos entraves ao comércio entre os países participantes, de forma a proporcionar ganhos comerciais resultantes

---

[2] COSTA, Leonardo de Andrade. "A integração de mercados e as questões tributárias", 2002, op. cit., p. 108.
[3] BALASSA, Béla. *Teoria da integração econômica*. Trad. Maria Filipa Gonçalves e Maria Elsa Ferreira. Lisboa: Clássica, 1964. p. 12.
[4] BALASSA, Béla. *Teoria da integração econômica*, 1964, op. cit.

da racionalização e da especialização das estruturas de produção, bem como a realização de outros objetivos de políticas comerciais e económicas. A ideia base reside na supressão das barreiras comerciais que obstaculizam o comércio entre os Estados, mesmo que se faça através de um outro modelo tradicional de integração.[5]

Béla Balassa, além de contribuir para o desenvolvimento das teorias de integração econômica, criou uma tipologia das etapas do processo de integração, de acordo com medidas políticas e econômicas adotadas, que intensificam o grau de interligação das diversas nações, podendo-se caracterizar cinco fases de evolução integrativa: (1) a zona de livre comércio; (2) a união aduaneira; (3) o mercado comum; (4) a união econômica; (5) a integração econômica total.

Nesse contexto, este livro tem o escopo de apresentar esboço sobre as noções de comércio exterior, inseridas no contexto da tributação sobre circulação, produção e comércio, visando analisar a história da formação do comércio exterior, passando pela instituição do Acordo Geral sobre Tarifas e Comércio ou General Agreement on Tariffs and Trade (GATT) e pela criação da Organização Mundial do Comércio (OMC) ou World Trade Organization (WTO, em inglês).

Em um segundo momento, são analisadas as estruturas do Brasil frente ao comércio exterior, fazendo menção às instituições ministeriais que coordenam o papel do país na ordem econômica mundial, para, logo em seguida, discorrer sobre os desafios da tributação nacional em face da globalização na era digital.

Quando se fala em comércio exterior, a primeira ideia que vem à tona é exportação e importação. Não obstante sejam essas

---
[5] MEDEIROS, Eduardo Raposo de. *Economia internacional*. 5. ed. Lisboa: Revista Actualizada, 1996. p. 569.

as operações clássicas de comércio exterior, também se inserem nesse conceito quaisquer outras operações que envolvam alguma parte ou resultado no exterior, como prestação de serviços, licenciamentos,[6] franquias (*franchising*),[7] investimentos, obtenção de financiamentos, câmbio, arrendamentos etc.

O verbo "internacionalizar" é um neologismo que se refere ao ato de a entidade envolver-se em negócios internacionais. Todas as organizações, independentemente de seu tamanho, têm à sua disposição vários meios para se "internacionalizar".

Consolidação do comércio exterior

Com a formação e consolidação dos Estados nacionais, no início da Idade Moderna, foi possível realizar a uniformização de moedas, fronteiras e leis. E, a partir dessa nova organização, os novos Estados conseguiram se desenvolver o suficiente para que pudessem regular as trocas de bens e serviços, além de suas recém-formadas fronteiras.

Durante o século XV até o final do século XVIII, os Estados se caracterizavam pelo mercantilismo, que se caracterizava por atitudes de intenso intervencionismo em suas economias, como elevar a tributação sobre as importações, controlar o consumo do mercado interno, acumular capital intensamente o mais rápido possível e manter a balança comercial favorável, ou seja, exportando mais do que importando.

Contudo, com o desenrolar das inovações tecnológicas da Revolução Industrial, novas ideias e conceitos foram adotados,

---

[6] Em breves linhas, o licenciamento consiste na transferência de recursos como tecnologia, patentes e habilidades administrativas para terceiros, no exterior, produzirem e comercializarem produtos semelhantes aos fabricados pela organização no Brasil. A empresa nacional assume a figura do licenciador e a empresa estrangeira a da licenciada.
[7] Idêntico ao *franchising* praticado dentro do país, a franquia é o conjunto de direitos que o franqueado adquire do franqueador e que lhe permitem, entre outras coisas, o direito de uso da marca, *know-how*, infraestrutura e equipamentos, assessoria administrativa, consultoria comercial, distribuição dos produtos.

de forma que as políticas estatais com relação ao comércio exterior precisaram ser inovadas. É nesse momento que surge o liberalismo, em que os Estados abandonam a postura protecionista e passam a intervir cada vez menos na economia. A ideia que vigora é a do livre mercado, em que as taxas alfandegárias são reduzidas e os Estados adotam pactos mercantis e políticas de reciprocidade, com vistas a aumentar o lucro com base no crescimento das exportações.

Esse intenso liberalismo, seguido por um forte processo de industrialização, culmina na crise da Grande Depressão na década de 1930 e, logo em seguida, no caos deixado pela II Grande Guerra. É a partir desse momento que os Estados percebem a necessidade de criar instituições de caráter internacional que pudessem organizar e regular tanto a política quanto a economia mundial.

Nesse cenário, pode-se afirmar que,

> no século passado, o Direito Tributário Internacional apresentou uma contínua evolução, não só pela mudança do Direito interno, como pela evolução das características do comércio internacional, que passou da prevalência da exportação de matérias-primas (primeiros 20 anos) e, a seguir, da exportação de produtos e serviços com fluxo de renda de um país a outro (até os anos 1980) à "globalização", que caracterizou os últimos 20 anos.[8]

A partir desses preceitos, surgem a Organização das Nações Unidas (ONU) e o Acordo Geral sobre Tarifas e Comércio (GATT) como as primeiras estruturas regulatórias com força

---

[8] UCKMAR, Victor et al. *Manual de direito tributário internacional*. São Paulo: Dialética, 2012. p. 21.

legal e alcance internacional para estabilizar a conjuntura política e econômica do mundo e, por meio de um salutar comércio exterior, beneficiar a todos com o progresso.

Acordo Geral sobre Tarifas e Comércio ou General Agreement on Tariffs and Trade (GATT)

Nesse contexto, foi criada a Organização das Nações Unidas (ONU) com o claro objetivo de facilitar a cooperação em matéria de direito internacional, segurança internacional, desenvolvimento econômico, progresso social, direitos humanos e a realização da paz mundial. Enquanto isso, no âmbito do comércio exterior, os Estados-membros da ONU iniciaram um projeto multilateral para que fosse instituída a International Trade Organization (ITO) ou Organização Internacional do Comércio (OIC).

Contudo, os pilares da nova ordem econômica mundial só foram definidos em 1947, com o Acordo Geral sobre Tarifas Aduaneiras e Comércio, que ficou conhecido por seu nome em inglês General Agreement on Tariffs and Trade (GATT). Esse acordo teve por fim harmonizar as políticas aduaneiras dos Estados signatários com um conjunto de normas e concessões tarifárias, criadas com a função de impulsionar a liberdade comercial, combater as práticas protecionistas e regular, a princípio provisoriamente, as relações comerciais internacionais. Nesse sentido apontam Serge Berstein e Pierre Milza:

> O Acordo Geral sobre Tarifas e Comércio (*General Agreement on Tariffs and Trade* – GATT) constitui o segundo pilar da liberalização das relações econômicas.[9] Restrito a um simples

---

[9] Em julho de 1944, antes do fim da II Grande Guerra, definiu-se, em Bretton Woods, o Sistema Monetário Internacional – a primeira base para a liberalização das relações

acordo assinado em Genebra em 1947, em razão da vigilância do Congresso americano, contrário a qualquer organização excessivamente incômoda, ele prega a flexibilização alfandegária dentro do respeito à reciprocidade de vantagens consentidas, segundo o antigo princípio da cláusula de nação mais favorecida. As práticas comerciais desleais como dumping são condenadas, mas são difíceis de desmascarar. O GATT, aliás, tolera inúmeras derrogações e cláusulas de salvaguarda para dar conta de situações econômicas específicas que justificam, frequentemente, medidas protecionistas. Antes de mais nada, trata-se, portanto, de um espaço de negociação baseado num código de boa conduta suficientemente maleável, a ponto de provocar, no momento de sua criação, a adesão de 23 países responsáveis, juntos, por 80% do comércio mundial.[10]

Apesar da consolidação do GATT, da introdução de um novo lastro monetário para as trocas internacionais e das instituições criadas no âmbito do Acordo de Bretton Woods, em 1944, como o estabelecimento do padrão dólar/ouro, a fundação do Banco Mundial (Bird) e do Fundo Monetário Internacional (FMI), as tentativas e os acordos para criar a Organização Internacional do Comércio (OIC) não tiveram êxito. A inviabilidade da criação da OIC se tornou clara com a recusa do Congresso dos Estados Unidos em ratificar o estabelecimento dessa instituição com a Carta de Havana, em 1948.

Sem a participação de um dos países de maior destaque na economia mundial, não foi possível estabelecer um sistema

---

econômicas. Foi retomada a política do *gold exchange standard*, em que se adotou a livre conversibilidade de todas as moedas entre si e com o dólar, enquanto os Estados Unidos se comprometeriam a converter em ouro na base de US$ 35 a onça.
[10] BERSTEIN, Serge; MILZA, Pierre. *História do século XX (1945-1973)*: o mundo entre a guerra e a paz. São Paulo: Companhia Editora Nacional, 2007. v. 2, p. 22.

multilateral de comércio que regulasse os aspectos financeiros e monetários internacionais.

A recusa dos Estados Unidos em sancionar a OIC é explicada pelo desejo de manter o *status* hegemônico que o país já havia alcançado durante sua participação na guerra. Com a posição, a consolidação do padrão dólar/ouro, do Bird, do FMI e do GATT, os EUA passaram a ter a soberania no comércio internacional e a liderar a nova ordem econômica mundial estabelecida.

Dessa forma, o GATT foi um acordo que supriu a demanda por uma real instituição internacional para o comércio. Criado para regular provisoriamente as relações comerciais internacionais, tornou-se um instrumento que, de fato, regulamentou por mais de quatro décadas as relações comerciais entre os países-membros.

Seu intuito provisório pode ser facilmente percebido pela simples redação da Lei Federal nº 313, de 30 de julho de 1948, que internalizou a aplicação do GATT no Brasil, nos seguintes termos:

> Art. 1º. É o Poder Executivo autorizado a aplicar, provisoriamente, o Acordo Geral sobre Tarifas Aduaneiras e Comércio, cujo texto consta da Ata Final da Segunda Reunião da Comissão Preparatória da Conferência das Nações Unidas sobre Comércio e Emprego, assinada pelo Brasil e outros países, em Genebra, a 30 de outubro de 1947.

Ao longo de sua existência, foram estabelecidas oito rodadas comerciais, que tiveram o escopo de reduzir tarifas por meio da negociação multilateral internacional, para assim solidificar o livre comércio.

As rodadas tiveram início em Genebra, 1947, passando por Annecy, Torkay, Genebra, Dillon, Kennedy, Tóquio e, finalmente, a Rodada do Uruguai, que durou de 1986 a 1994 e que culminou na criação de uma instituição multilateral e permanente para salvaguardar o comércio internacional – a Organização Mundial do Comércio (OMC).

Esta última rodada de negociações contou com a participação de 123 países e incluiu o novo Acordo Geral sobre Tarifas e Comércio (GATT 94), o qual manteve a vigência do GATT 47 e ainda estabeleceu novos acordos: o Acordo Geral sobre Comércio de Serviços (GATS), o Acordo sobre Investimentos (TRIMs) e o Acordo sobre Direitos de Propriedade Intelectual (TRIPs).

Assim, ante a necessidade de discutir acordos destinados a regulamentar os procedimentos de solução de controvérsias, como medidas *antidumping*, de salvaguarda, compensatórias, de valoração aduaneira, licenciamento, procedimentos etc., os países resolveram pela instituição de um organismo internacional destinado a regulamentar o comércio internacional, não apenas de bens, mas também de serviços, e que abordasse a crescente necessidade de proteger temas relacionados aos investimentos e à propriedade intelectual. Dessa forma, a OMC foi criada e encarregada de efetivar e garantir a aplicação de todos os acordos discutidos até então.

Organização Mundial do Comércio

A World Trade Organization (WTO) ou Organização Mundial do Comércio (OMC) é a instituição internacional que trata das regras do comércio entre os seus Estados-membros. Funcionando desde 1º de janeiro de 1995, conta com 162 países afiliados.[11] O Brasil é membro desde sua fundação.[12]

Vale ressaltar que a sua entrada em vigor foi estabelecida pela Declaração Ministerial de Marraqueche, em 15 de abril

---

[11] Referência em maio de 2016.
[12] No *link* a seguir, há informações sobre as disputas da OMC em que o Brasil atua como reclamante, reclamado ou terceiro. Ver: <www.wto.org/english/thewto_e/countries_e/brazil_e.htm>. Acesso em: maio 2017.

de 1994, ocasião em que os ministros dos países-membros do GATT decidiram não apenas estabelecer a OMC, mas também determinar o início das atividades em 1º de janeiro de 1995, a fim de "levar os países a uma nova era de cooperação econômica mundial, refletindo o grande desejo de negociar em um sistema multilateral de comércio mais justo e amplo".[13]

Baseado nos preceitos estabelecidos na Carta de Havana, que almejou a formação da Organização Internacional do Comércio (OIC), o Acordo Geral sobre Tarifas e Comércio (GATT) deixou de existir após a sua última rodada de negociações, iniciada no Uruguai em 1986 (GATT 94), sendo seu texto posteriormente incorporado à OMC.

Como funções primordiais da OMC, podemos citar o gerenciamento dos acordos que compõem o sistema multilateral de comércio, servir de fórum para os acordos comerciais internacionais, supervisionar a adoção do que for ajustado entre os Estados-membros, fazendo valer a implantação do convencionado e, ainda, há o Sistema de Resolução de Controvérsias, que dá o caráter de supremacia dessa instituição, uma vez que tal mecanismo foi criado para solucionar os conflitos gerados pela aplicação dos acordos sobre o comércio internacional entre os membros da organização.

A administração da OMC e suas agendas cabem ao Conselho Geral, que segue as decisões tomadas na Conferência Ministerial. A conferência, que ocorre a cada dois anos, é encarregada de escolher um diretor-geral para o fim de exercer o mandato de quatro anos à frente do Conselho Geral.

O Estado-membro que manifestar o desejo de não mais fazer parte da OMC pode se retirar após o transcurso de seis

---

[13] AMARAL, Antonio Carlos Rodrigues do (Coord.). *Direito do comércio internacional*. São Paulo: Lex, 2004. p. 73.

meses. A comunicação do desligamento deve ser endereçada ao diretor-geral da OMC.

Sempre que um membro (o país e não uma empresa ou setor) da organização se sentir prejudicado em uma negociação ou identificar a quebra de uma regra da OMC, pode recorrer ao Órgão de Solução de Controvérsias e/ou fazer uma consulta bilateral quanto à negociação.

Uma discussão atual na OMC que envolve o Brasil é referente ao "Inovar Auto", um benefício fiscal, instituído pela Lei Federal nº 12.715/2012 e que concede, em linhas gerais, créditos presumidos de IPI para empresas do setor automobilístico que se instalarem e produzirem automóveis no Brasil até 2017.

Em que pese a concessão de habilitação estar condicionada a um ato do ministro da Indústria, Comércio Exterior e Serviços, outros países têm visto esse benefício fiscal como uma medida desproporcional para atrair investimentos e prejudicial à concorrência dos automóveis que são importados diretamente do exterior.

Assim, a União Europeia, em 19 de dezembro de 2013, protocolou um pedido formal de consulta sobre esses benefícios fiscais, supostamente desproporcionais, que o Brasil vinha praticando, em especial o "Inovar Auto". Vale ressaltar que esse pedido inicia formalmente uma disputa na OMC. Após os países não terem chegado a um acordo em um debate preliminar sobre o assunto, foi instituído um painel na OMC para discutir o assunto, em uma reunião realizada em 17 de dezembro de 2014.

Em 9 de julho de 2015, foi a vez do Japão protocolar um pedido formal de consulta sobre os benefícios fiscais do Brasil, também com destaque especial para o Inovar Auto. Após os países não terem chegado a um acordo em um debate preliminar, foi instituído um painel na OMC para discutir o assunto, em reunião realizada em 28 de setembro de 2015.

Portanto, o tema ainda está em discussão na OMC, que possivelmente terá um relatório final publicado de ambos os painéis até o fim de 2017.

Princípios da Organização Mundial do Comércio

A atuação da OMC pauta-se por alguns conceitos que se baseiam nos princípios do comércio marítimo, e busca solucionar possíveis rivalidades entre os países. Tais regras estabelecem um comércio internacional livre e transparente, e fizeram parte das resoluções do GATT 1994 que restringiam as políticas de comércio exterior dos países. São elas:

1. Não Discriminação
É o princípio básico da OMC. Está contido no Art. I e no Art. III do GATT 1994 no que diz respeito a bens e no Art. II e Art. XVII do Acordo de Serviços. Estes Artigos estabelecem os princípios da nação mais favorecida (Art. I) e o princípio do tratamento nacional (Art. III). Pelo princípio da nação mais favorecida, um país é obrigado a estender aos demais Membros qualquer vantagem ou privilégio concedido a um dos Membros; já o princípio do tratamento nacional impede o tratamento diferenciado de produtos nacionais e importados, quando o objetivo for discriminar o produto importado desfavorecendo a competição com o produto nacional.

2. Previsibilidade/Transparência
Os operadores do comércio exterior precisam de previsibilidade de normas e do acesso aos mercados tanto na exportação quanto na importação para poderem desenvolver suas atividades. Para garantir essa previsibilidade, o pilar básico é a consolidação dos compromissos tarifários para bens e das listas de ofertas em serviços, além das disciplinas em outras áreas da OMC, como TRIPS, TRIMS, Barreiras Técnicas e SPS que visam impedir o uso abusivo dos países para restringir o comércio.

3. Concorrência Leal

A OMC tenta garantir não só um comércio mais aberto, mas também um comércio justo, coibindo práticas comerciais desleais como o dumping e os subsídios, que distorcem as condições de comércio entre os países. O GATT já tratava destes princípios nos Arts. VI e XVI, porém estes mecanismos só puderam ser realmente implementados após os Acordos de Antidumping e Acordo de Subsídios terem definido as práticas de dumping e de subsídios e previsto as medidas cabíveis para combater o dano advindo destas práticas.

4. Proibição de Restrições Quantitativas

O Art. XI do GATT 1994 impede o uso de restrições quantitativas (proibições e quotas) como meio de proteção. O único meio de proteção admitido é a tarifa, por ser o mais transparente. As quotas tarifárias são uma situação especial e podem ser utilizadas desde que estejam previstas nas listas de compromissos dos países.

5. Tratamento Especial e Diferenciado para Países em Desenvolvimento

Este princípio está contido no Art. XXVIII bis e na Parte IV do GATT 1994. Pelo Art. XXVIII bis do GATT 1994, os países desenvolvidos abrem mão da reciprocidade nas negociações tarifárias (reciprocidade menos que total). Já a Parte IV do GATT 1994 lista uma série de medidas mais favoráveis aos países em desenvolvimento que os países desenvolvidos deveriam implementar. Além disso, os Acordos da OMC em geral listam medidas de tratamento mais favorável para países em desenvolvimento.[14]

---

[14] Extraídos de Ministério do Desenvolvimento, Indústria e Comércio Exterior do governo brasileiro. Disponível em: <www.desenvolvimento.gov.br/sitio/interna/interna.php?area=5&menu=368>. Acesso em: maio 2017.

6. Base Estável para o Comércio
Busca criar uma base estável de comércio, garantindo maior segurança para os países investidores. Um exemplo dessa segurança comercial advém, essencialmente, da consolidação das tarifas máximas que cada país pode aplicar a cada produto.[15]

Rodada de Doha

Assim como ocorria no GATT, a OMC segue agendas de desenvolvimento, que são chamadas de rodadas.

A primeira rodada da OMC iniciou-se em novembro de 2001 na capital do Qatar (Doha) e, enquanto as negociações não terminarem, os encontros da agenda continuarão sendo pautados como Rodada de Doha.

As propostas dessa negociação são ambiciosas e pretendem fazer a globalização menos excludente, ajudando os países mais pobres por meio da promoção de políticas autônomas de desenvolvimento para gerar renda e desenvolvimento interno, reduzindo a dependência de recursos financeiros externos.

Um dos principais entraves para o desenvolvimento da presente rodada são as negociações para a retirada de barreiras e dos subsídios agrícolas que os países mais desenvolvidos possuem.

Apesar da intenção declarada da OMC de tornar as regras de comércio mais livres para os países em desenvolvimento, há a preocupação dos Estados-membros com os efeitos que uma política liberalizante supostamente traria, como o desemprego em países que não estão aptos a concorrer de forma igual.

Crises econômicas ainda são os principais entraves ao comércio internacional, já que, em tais situações, os países costumam adotar medidas protetivas das economias domésticas,

---

[15] AMARAL, Antonio Carlos Rodrigues do (Coord.). *Direito do comércio internacional*, 2004, op. cit., p. 71.

seja criando incentivos a determinados setores, seja impondo barreiras à comercialização de produtos estrangeiros.

Nesse sentido, é importante ressaltar que até o final de 2015 a OMC não tinha sido capaz de negociar multilateralmente uma única tarifa desde a Rodada Uruguai (1986-1994), nem havia disciplinado qualquer corte em valores de subsídios, os quais distorcem o comércio mundial.

Em que pese o exposto, cabe mencionar algumas decisões importantes adotadas na recente conferência da OMC,[16] em Nairóbi, denominada "Pacote de Nairóbi". Entre elas se destaca a redução dos subsídios agrícolas concedidos pelos países desenvolvidos, o que pode minimizar o impacto da produção e comercialização dessas *commodities* pelo Brasil e outros países em fase de desenvolvimento. A matéria do jornal O Valor, de 19, 20 e 21 de dezembro de 2015, destaca o encontro nos seguintes termos:[17]

> A proibição imediata de subsídios à exportação de produtos agrícolas pelos países desenvolvidos, 58 anos depois do que ocorreu com produtos industriais, foi o principal ganho do acordo agrícola que salvou a Organização Mundial do Comércio (OMC) de nova crise, em meio a persistentes divergências entre os países.
> [...]
> A Índia, que provocou grande impasse durante toda a negociação, acabou conseguindo apenas a promessa de que será negociada uma salvaguarda pela qual poderia elevar tarifas em caso de súbito aumento de importações agrícolas. E até 2017

---

[16] A X Conferência Ministerial da OMC foi realizada em Nairóbi (Quênia), entre os dias 15 e 19 de dezembro de 2015. Relatório disponível em: <www.wto.org/english/thewto_e/minist_e/mc10_e/nairobipackage_e.htm>. Acesso em: 16 jan. 2016.

[17] MOREIRA, Assis. Brasil não descarta entrar em mega-acordos. *Valor Econômico*, São Paulo, 22 dez. 2015, p. A12.

será buscada uma solução para seus estoques de alimentos públicos por razões de segurança alimentar.

O surpreendente em Nairóbi foi a ausência tanto do Ministério da Agricultura como do agronegócio brasileiro. Para se ter uma ideia, até a associação de produtores de ovos do Canadá estava presente, acompanhando uma negociação que pode ter impacto em seus negócios.

Segundo o diretor-geral da OMC, Roberto Azevedo, em entrevista ao mesmo jornal *O Valor*, de 19, 20 e 21 de dezembro de 2015, "A OMC já está demonstrando uma cara nova", com a qual a capacidade de negociação pode ser positiva inclusive para tirar a entidade de uma possível crise. Ainda nesse cenário, o embaixador brasileiro Marcos Galvão pontua que há possibilidade de o Brasil negociar temas variados na OMC, desde que não haja prejuízo algum àqueles assuntos pendentes.[18]

Nova fonte de estudo de iniciativa da OMC vem ocorrendo por meio do Programa de Trabalho sobre o Comércio Eletrônico.

Com efeito, no dia 16 de dezembro de 2015, na citada X Conferência Ministerial da OMC realizada em Nairóbi (Quênia),[19] Estados Unidos, China, União Europeia e mais 50 países – desenvolvidos e em desenvolvimento – decidiram eliminar tarifas de 201 produtos, no primeiro grande corte de alíquota em 18 anos na OMC. Brasil, México e Índia não fazem parte do acordo para a redução, que começou em julho de 2016, quando 63% das tarifas, cobrindo 88% das importações, foram eliminadas pelos países participantes, até que, em 2024, todos os produtos terão tarifa zero.

---

[18] Ibid.
[19] Relatório disponível em: <www.wto.org/english/news_e/news15_e/ita_16dec15_e.htm>. Acesso em: 16 jan. 2016.

Em trecho do seu comunicado oficial,[20] o diretor-geral da OMC, Roberto Azevedo, pontuou acerca do acordo:

> Em 1996 foi firmado o original Acordo de tecnologia de informação da OMC – ou ITA. Foi um acordo inovador, impulsionando o comércio de um setor emergente importante.
>
> Desde 1996 as exportações de produtos abrangidos por este acordo mais do que triplicaram em valor.
>
> Mas, claro, desde então, novos produtos e tecnologias continuaram a surgir a uma taxa fenomenal, e este setor tem continuado a evoluir.
>
> Isto é porque, em julho deste ano, este grupo de membros da OMC concordou em expandir o ITA original, eliminando tarifas sobre 201 produtos de TI adicionais, incluindo:
>
> ❑ uma nova geração de semicondutores;
> ❑ sistemas de navegação GPS;
> ❑ ferramentas para a fabricação de circuitos impressos;
> ❑ satélites de telecomunicações;
> ❑ toque em telas;
> ❑ e alguns produtos médicos do estado da arte.
>
> Há 20 anos, a maioria destes produtos simplesmente não existia. Hoje, eles são comuns. Este acordo expandido visa responder a esta nova realidade.
>
> Após meses de intensas consultas e negociações, os participantes agora fecharam o negócio.
>
> Quero parabenizar os governos participantes, e todos os ministros aqui hoje por este sucesso.

---

[20] Relatório disponível em: <www.wto.org/english/news_e/spra_e/spra104_e.htm>. Acesso em: 16 jan. 2016.

Por fim, o próprio governo brasileiro divulgou uma nota[21] expressando sua satisfação com os resultados da X Conferência Ministerial da Organização Mundial do Comércio.

Mercosul

Em 26 de março de 1991, Argentina, Brasil, Paraguai e Uruguai assinaram o Tratado de Assunção, para criar o Mercado Comum do Sul (Mercosul), cujo objetivo último é integração de seus membros por meio da livre circulação de bens, serviços e fatores produtivos, do estabelecimento de uma tarifa externa comum (TEC), da adoção de uma política comercial comum, da coordenação de políticas macroeconômicas e setoriais e da harmonização de legislações nas áreas pertinentes.[22]

Embora nos últimos anos a relevância política e econômica do Mercosul tenha notoriamente declinado, é a mais abrangente iniciativa de integração regional já implementada na América Latina. O aperfeiçoamento da União Aduaneira é um dos objetivos basilares do Mercosul. Como passo importante nessa direção, os Estados-partes concluíram, em 2010, as negociações para a conformação do Código Aduaneiro do Mercosul.

Os membros do Mercosul (Brasil, Argentina, Paraguai e Uruguai, países fundadores, e Venezuela, que completou seu processo de adesão em meados de 2012) abrangem, aproximadamente, 72% do território da América do Sul (12,8 milhões de quilômetros quadrados, equivalente a três vezes a área da União Europeia), 70% da população sul-americana (275 milhões de habitantes) e 77% do PIB da América do Sul em 2012 (US$

---

[21] Nota disponível em: <www.itamaraty.gov.br/pt-BR/notas-a-imprensa/12765-resultados-da-x-conferencia-ministerial-da-organizacao-mundial-do-comercio-nairobi-15-a-18-de-dezembro-de-2015>. Acesso em: 14 out. 2016.
[22] Disponível em: <www.mercosul.gov.br/saiba-mais-sobre-o-mercosul>. Acesso em: maio 2017.

3,18 trilhões de um total de US$ 4,13 trilhões, segundo dados do Banco Mundial).[23]

Nos últimos encontros dos Estados-partes houve a reafirmação de dar prosseguimento à integração regional, mas a escassez de diretrizes para a resolução dos problemas reais, além do fato de que o Mercosul não está no centro da preocupação dos países participantes, colocam a evolução do acordo em risco.

Na atual gestão do presidente Michel Temer, há uma tentativa de flexibilizar e agilizar as negociações no Mercosul a fim de concretizar acordos bilaterais, sem a necessidade de haver concordância e adesão dos demais países pertencentes ao bloco.[24]

As instituições da política de comércio exterior do Brasil

Apesar do atual cenário de recessão, o Brasil tem tido papel de destaque no cenário internacional, situando-se entre as maiores economias mundiais em critérios de "paridade do poder de compra", sendo a maior da América Latina, embora ainda esteja na 75ª posição no *ranking* do IDH (índice de desenvolvimento humano).

Com uma exportação crescente e cada vez mais forte, o país tem incrementado, nas últimas décadas, sua indústria de bens agrícolas, bem como a de bens de alto valor agregado, como joias, peças de vestuário, automóveis, navios e aviões. Dessa forma, o Brasil é tido como um país com grande potencial de crescimento, ao lado de China, Índia e Rússia.

---

[23] Disponível em: <www.itamaraty.gov.br/index.php?option=com_content&view=article&id=686&catid=143&Itemid=434&lang=pt-BR>. Acesso em: 14 jan. 2016.
[24] Disponível em: <http://g1.globo.com/mundo/noticia/2016/05/na-argentina-serra-defende-negociacoes-flexiveis-no-mercosul.html>. Acesso em: 6 jun. 2016 e <www1.folha.uol.com.br/mundo/2016/09/1815308-brasil-e-uruguai-se-reunem-e-buscam-plano-para-flexibilizar-mercosul.shtml>. Acesso em: 14 out. 2016.

Há linhas de crédito de financiamentos subsidiadas pelo governo, como o Programa do Governo Federal de Apoio à Exportação (Proex), criado com o objetivo de conceder às exportações condições equivalentes às do mercado internacional. E mais: dos 25 ministérios que compõem o atual Poder Executivo Federal no Brasil, três merecem destaque por sua atuação no comércio exterior, a saber: o Ministério das Relações Exteriores, o Ministério da Indústria, Comércio Exterior e Serviços, e o Ministério da Fazenda.[25]

Ministério das Relações Exteriores

Conhecido também como Itamaraty, integra a estrutura do Poder Executivo como responsável pelo assessoramento do presidente da República na formulação, no desempenho e no acompanhamento das relações do Brasil com demais países e organismos internacionais.

O campo de atuação do Ministério das Relações Exteriores se estende aos campos da política, do comércio, da economia, das finanças, da cultura e consular. Sendo assim, o Itamaraty exerce, nas citadas áreas, as tarefas clássicas da diplomacia: representar, informar e negociar.

---

[25] Foge ao escopo deste livro falar de todos os órgãos envolvidos no comércio exterior, mas destacamos os órgãos que participam do Portal Siscomex (http://portal.siscomex.gov.br): Secretaria da Receita Federal do Brasil (RFB), Secretaria de Comércio Exterior (Secex), Ministério da Agricultura Pecuária e Abastecimento, Agência Nacional de Vigilância Sanitária (Anvisa), Agência Nacional do Cinema (Ancine), Agência Nacional de Energia Elétrica (Aneel), Agência Nacional do Petróleo, Gás Natural e Biocombustíveis (ANP), Câmara de Comércio Exterior (Camex), Comissão Nacional de Energia Nuclear (Cnen), Conselho Nacional de Desenvolvimento Científico e Tecnológico (CNPq), Conselho Nacional de Política Fazendária (Confaz), Departamento Nacional de Produção Mineral (DNPM), Departamento de Polícia Federal (DPF), Exército Brasileiro, Instituto Brasileiro do Meio Ambiente e dos Recursos Naturais Renováveis (Ibama), Instituto Nacional de Metrologia, Normalização e Qualidade Industrial (Inmetro), Instituto Brasileiro do Patrimônio Histórico e Artístico Nacional (Iphan), Ministério da Ciência e Tecnologia e Inovação (MCTI), Ministério da Defesa, Ministério das Relações Exteriores (MRE), Secretaria de Aviação Civil, Secretaria de Portos (SEP), Superintendência da Zona Franca de Manaus (Suframa).

Subordinado a esse ministério, encontra-se a Subsecretaria-Geral de Assuntos Econômicos e Financeiros, que tem, entre as suas funções, a de assessorar o secretário-geral das Relações Exteriores no trato das questões de natureza econômica, de forma a gerar uma integração regional e mundial com a economia internacional, para promover o comércio exterior.

O Itamaraty, abaixo dessa subsecretaria, ainda possui três departamentos: o Departamento Econômico (DEC), que tem a função de propor diretrizes de política exterior, no âmbito internacional, todas relativas a matérias de natureza econômica; o Departamento de Negociações Internacionais (DNI), que deve preparar subsídios, coordenar e conduzir a participação do Brasil no âmbito de negociações de acordos comerciais extrarregionais do Mercosul; e o Departamento de Assuntos Financeiros e Serviços (DAFS), que tem como escopo propor ações e diretrizes de política externa relacionadas aos sistemas monetário e financeiro internacionais e à cooperação financeira internacional, bem como tratar das negociações internacionais de acordos sobre serviços e acordos sobre investimentos.

Vale ressaltar que, na atual gestão do presidente Michel Temer, a Secretaria-Executiva da Câmara de Comércio Exterior (Camex), que faz parte do Conselho de Governo da Presidência da República, passou a se vincular a esse ministério, assim como a Agência Brasileira de Promoção de Exportações e Investimentos (Apex-Brasil), conferindo uma força maior e destaque ao Ministério das Relações Exteriores.

Sendo assim, os ministérios das Relações Exteriores e da Indústria, Comércio Exterior e Serviços atuarão em complementaridade no que tange à Camex, especialmente nos acordos comerciais internacionais.[26]

---

[26] Disponível em: <www.mdic.gov.br//index.php/component/content/article?id=1488>. Acesso em: 14 out. 2016.

Ministério da Indústria, Comércio Exterior e Serviços

Este ministério abrange distintas áreas de competência, como a política de desenvolvimento da indústria, do comércio e dos serviços, a propriedade intelectual e a transferência de tecnologia, a metrologia, normalização e qualidade industrial, as políticas de comércio exterior, a regulamentação e execução dos programas e atividades relativos ao comércio exterior, a aplicação dos mecanismos de defesa comercial e a participação em negociações internacionais referentes ao comércio exterior, a formulação da política de apoio à microempresa, à empresa de pequeno porte e ao artesanato e, finalmente, à execução das atividades de registro do comércio.

A Câmara de Comércio Exterior (Camex) faz parte do Conselho de Governo e se vincula a esse ministério. Seu principal objeto é definir as diretrizes e os procedimentos relativos à implantação da política de comércio exterior visando à introdução de forma competitiva do Brasil na economia internacional. Esta câmara é presidida pelo ministro de Estado do Desenvolvimento, Indústria e Comércio Exterior.

No entanto, existe a possibilidade de o presidente Michel Temer assumir a presidência da Camex, em mais uma mudança estrutural do seu governo.[27]

Há ainda que se falar na Secretaria de Comércio Exterior (Secex), composta por cinco departamentos: o Departamento de Operações de Comércio Exterior (Decex), o Departamento de Defesa Comercial (Decom), o Departamento de Negociações Internacionais (Deint), o Departamento de Estatística e Apoio à Exportação (Deaex) e o Departamento de Competitividade no Comércio Exterior (Decoe).

---

[27] Disponível em: <www.valor.com.br/politica/4557987/temer-planeja-acumular-presidencia-da-camex>. Acesso em: 14 out. 2016.

A Secex tem como escopo o controle do comércio, que realiza por meio das seguintes diretrizes: ampliar a participação do Brasil no comércio mundial; formular propostas de políticas e programas de comércio exterior, estabelecendo as normas necessárias para seu funcionamento; coordenar a aplicação de defesa contra as práticas desleais de comércio, bem como das medidas de salvaguardas comerciais; apoiar a participação brasileira em negociações de comércio exterior, aperfeiçoar o sistema operacional de comércio exterior do Brasil e difundir as informações referentes ao comércio exterior.

Todos os aspectos referentes à Nomenclatura Comum do Mercosul (NCM) serão devidamente abordados no capítulo 2.

Ministério da Fazenda

O Ministério da Fazenda é o órgão dentro da estrutura administrativa do Brasil que cuida da formulação e execução da política econômica nacional, sendo a Secretaria do Tesouro Nacional responsável pela administração fazendária da União, enquanto a Receita Federal do Brasil (RFB) administra a estrutura fiscal federal e é responsável pela administração dos tributos internos e aduaneiros da União, fiscalizando as entradas e saídas de produtos no/do país e cuidando da arrecadação dos direitos aduaneiros sobre as importações brasileiras.

Diretamente subordinado a esse ministério, encontra-se o Banco Central do Brasil (Bacen), responsável por estabelecer normas sobre as operações de câmbio no comércio exterior, bem como fiscalizar e controlar a aplicação destas.

Por intermédio do Sistema Integrado de Registro de Operações de Câmbio (Sisbacen), que agrega tanto o Banco Central quanto os bancos autorizados a operar em câmbio, consegue-se auxiliar a administração e a fiscalização das operações cambiais.

Já o Sistema Integrado de Comércio Exterior (Siscomex) é o programa (sistema) informatizado que integra as atividades de registro, acompanhamento e controle de comércio exterior. Estas são realizadas pela Secex do Ministério da Indústria, Comércio Exterior e Serviços, pela Secretaria da Receita Federal e pelo Bacen – sendo estes os órgãos que administram o sistema.

É por meio do Siscomex que as operações de exportação e importação são registradas e analisadas *on-line* pelos órgãos citados. O acesso a esse sistema também é garantido às empresas exportadoras, desde que disponham dos necessários equipamentos e condições de acesso.

O módulo de funcionamento do *drawback* eletrônico, que se traduz na desoneração de impostos na importação vinculada a um compromisso de exportação, também está incorporado ao Siscomex. A medida, adotada pela Secex, tem em vista estimular e desenvolver a exportação dos produtos da indústria brasileira.

As pessoas físicas e jurídicas, para exportar, devem estar inscritas no Registro de Exportadores e Importadores (REI).

A solução de consultas sobre classificação fiscal de mercadorias também é de competência da RFB, por intermédio da Coordenação-Geral do Sistema Aduaneiro e da Superintendência Regional da Receita Federal.[28]

Certificação de origem

A origem dos bens importados com redução de direitos de importação, negociada em acordos bi ou multilaterais de comércio, deve obedecer, necessariamente, à comprovação da

---

[28] Por meio da IN RFB nº 1.459, de 28 de março de 2014, o Brasil aprova o texto dos pareceres de classificação do Comitê do Sistema Harmonizado da Organização Mundial das Alfândegas (OMA). Assim os pareceres têm força vinculativa acerca das classificações das mercadorias do país.

origem. O país de origem de uma mercadoria será aquele onde ela foi produzida ou foi objeto de transformação substancial, de maneira a lhe conferir nova individualidade, isto é, onde tenha sua classificação tarifária alterada.

É obrigatória a apresentação do certificado de origem para todas as importações de mercadorias que se beneficiam de tratamento tarifário preferencial, a exemplo das mercadorias provenientes de países que fazem parte da Associação Latino-Americana de Integração (Aladi), do Mercosul e da OMC.

O certificado de origem, emitido para o fim de comprovação do direito de preferência tarifária, deve ser apresentado pelo importador na data do início do despacho aduaneiro à repartição aduaneira na qual se processar o despacho de importação.

Caso a mercadoria seja depositada em recinto alfandegado, o certificado somente pode ser exigido quando a mercadoria for despachada para consumo ou admitida em regime aduaneiro especial. Assim decidiu o Terceiro Conselho de Contribuintes[29] no Recurso nº 120.641/RS.

No caso específico do Mercosul, é considerado originário do país o produto que tenha incorporado o máximo de 40% do valor FOB (*free on board*)[30] do produto final, em insumos de terceiros países. Assim também as operações de montagem permitem a incorporação de, no máximo, 50% de materiais oriundos de terceiros países, para que possa ser considerado originário do país signatário do acordo.

Registre-se que,

---

[29] BRASIL. Terceiro Conselho de Contribuintes. Terceira Câmara. Recurso nº 120.641/RS. Acórdão nº 303-29.408. Relator: conselheiro Irineu Bianchi. Julgamento em 12 de setembro de 2000.
[30] A cláusula FOB é um tipo de Incoterm (Internacional Commercial Terms), sendo este organizado pela Câmara de Comércio Internacional, com o objetivo de estabelecer a responsabilidade pelo pagamento de frete e transporte vigentes nas negociações comerciais internacionais entre empresas. Mais especificamente, a cláusula FOB significa que a responsabilidade pelo pagamento do frete e seguro é do vendedor da mercadoria.

atualmente, o comércio internacional utiliza este documento impresso em papel e, com o objetivo de garantir maior legitimidade aos documentos brasileiros apresentados no exterior assim como possibilitar melhoria dos serviços prestados aos operadores de comércio internacional, a Secretaria de Comércio Exterior (SECEX) atualizou os procedimentos de emissão de certificados de origem contidos na Portaria SECEX nº 23, de 14 de julho de 2011 (texto consolidado).[31]

Assim, desde 30 de novembro de 2011, a entidade brasileira que tivesse interesse em emitir certificados de origem preferenciais para quaisquer dos acordos de comércio deveria ter um sistema de emissão informatizado, cujos requisitos são estabelecidos pelo COD (Projeto de Certificado de Origem Digital).

Este projeto é fomentado desde 2004 pela Aladi e tem por objetivo possibilitar a emissão de certificados de origem em formato eletrônico.

Em 29 de junho de 2015, a Secex realizou seminário sobre alterações do Regime de Origem do Mercosul decorrentes da Decisão CCM nº 1/2009 (Decreto nº 8.454, de 20 de maio de 2015). O evento foi direcionado para entidades autorizadas pela Secex a emitir certificados de origem preferenciais.[32]

Na oportunidade, foi exposta a atual fase do Projeto COD. Internamente, a homologação já foi concluída pelo sistema aduaneiro, sistemas emissores de Fiesp, Fiergs, Faciap, Facisc e Fecomércio/RS. Já os sistemas emissores de Fiemg, Fiesc, ACS, Facesp, Federasul e Fecomércio/PR econtram-se em homologação.

---

[31] Disponível em: <www.mdic.gov.br/comercio-exterior/regimes-de-origem/215-certificado-de-origem/1907-cdo-emissao-de-certificados-de-origem-preferenciais>. Acesso em: maio 2017.
[32] Disponível em: <www.desenvolvimento.gov.br/sitio/interna/interna.php?area=5&menu=2251>. Acesso em: 14 jan. 2016.

É interessante notar que, em 2012, foram emitidos 971.014; em 2013, 797.620; em 2014, 479.648 e até maio de 2015 apenas 122.093.[33] Ou seja, aparentemente, houve uma queda na emissão dos documentos eletrônicos.

Por outro lado, é importante identificar as consequências dos erros, materiais e formais, que possam macular o certificado de origem.

Nos termos do art. 8º da Instrução Normativa (IN) SRF nº 149/2002, os erros meramente formais são passíveis de correção e não têm o condão de obstar o desembaraço aduaneiro e desqualificar o certificado de origem das mercadorias importadas.[34]

O Superior Tribunal de Justiça, por sua vez, já decidiu que a anterioridade da data registrada no certificado de origem fornecido pela Câmara de Exportadores à data da emissão da fatura comercial é passível de ser considerada erro material suscetível de anulação e substituição.[35]

No caso de Brasil e Argentina, por exemplo, o art. 10 do 17º Protocolo Adicional ao Acordo de Complementação Econômica nº 14, entre Brasil e Argentina, promulgado pelo Decreto nº 929/1993, prevê que "em todos os casos, o certificado de origem deverá ter sido emitido o mais tardar na data de embarque da mercadoria amparada pelo mesmo".

Todavia, nesse mesmo protocolo, art. 24, existe a previsão de que

> os erros involuntários que a autoridade competente do país signatário importador puder considerar como erros materiais

---

[33] Para outras informações, ver: <www.desenvolvimento.gov.br/arquivos/dwnl_1437476942.pdf>. Acesso em: 13 jan. 2016.
[34] Nesse sentido: TRF-4. REO nº 4.904/SC. 2005.72.07.004904-3. Relator: desembargador federal Antonio Albino Ramos de Oliveira. Segunda Turma. Julgamento em 6 de junho de 2006. *DJ*, 28 jun. 2006.
[35] BRASIL. Superior Tribunal de Justiça. AgRg no REsp nº 869.510/SP. Relator: ministro Humberto Martins. Segunda Turma. Julgamento em 11 de novembro de 2008. *DJe*, 1º dez. 2008.

não serão passíveis de sanções, autorizando-se a anulação e substituição dos respectivos certificados e eximindo-se, nesse caso, do cumprimento do previsto no artigo DEZ.[36]

Além disso, caso a importadora descreva uma mercadoria distinta da efetivamente importada, sem a finalidade de obter benefícios fiscais, subsiste o certificado de origem na operação de comércio exterior, sendo exigível apenas a multa pelo equivocado enquadramento da mercadoria na Nomenclatura Comum do Mercosul (NCM).[37]

Enfim, é preciso levar em consideração que o erro involuntário na emissão do certificado de origem não é causa suficiente para ensejar a perda da isenção tributária, sobretudo em face dos princípios da razoabilidade e da proporcionalidade.[38]

Desafios da tributação nacional na era da economia digital e o combate à corrupção

O comércio exterior se desenvolveu muito nas últimas décadas, principalmente devido às inovações tecnológicas, entre as quais é possível destacar a internet como um dos seus maiores expoentes.

É certo que a internet fez eclodir uma nova modalidade de transação comercial, marcada principalmente pela ausência de fronteiras geográficas.

---

[36] BRASIL. Superior Tribunal de Justiça. REsp nº 668.462/RJ. Relator: ministro Humberto Martins. Segunda Turma. Julgamento em 21 de agosto de 2008. *DJe*, 12 set. 2008.
[37] Nesse sentido: TRF-4. REOAC nº 1.278/RS. 2007.71.03.001278-7. Relator: desembargador federal Otávio Roberto Pamplona. Segunda Turma. Julgamento em 5 de agosto de 2008. *DE*, 3 set. 2008.
[38] Nesse sentido: TRF-4. MAS nº 1.724/RS. 2005.71.03.001724-7. Relator: desembargador federal Antonio Albino Ramos de Oliveira. Segunda Turma. Julgamento em 26 de junho de 2006. *DJ*, 19 jul. 2006.

Nesse cenário, empresas multinacionais têm praticado esquemas de planejamento tributário agressivo para aproveitarem lacunas normativas e assimetrias dos sistemas tributários nacionais para transferir, artificialmente ou não, lucros a países com tributação baixa ou inexistente. O que se verifica, na realidade, é uma verdadeira discrepância entre o local da atividade e o local da tributação.

Com o objetivo de combater a erosão da base tributária e o desvio de lucros para jurisdições de baixa tributação, a Organização para a Cooperação e Desenvolvimento Econômico (OCDE) apresentou, com o apoio político do G20, o Base Erosion and Profit Shifting Action Plan (Plano de Ação BEPS).

Em resumo, o BEPS tem como escopo formular políticas e estratégias para combater a fuga de capitais para os chamados "paraísos fiscais" e o aumento da evasão fiscal em escala global. Dividido em 15 ações pontuais, o *primeiro action plan* busca identificar os principais desafios decorrentes da economia digital na aplicação das regras fiscais vigentes e sugerir meios para contorná-lo.

A Action 1 do Projeto BEPS, nesse sentido, investiga a capacidade de uma empresa de estar digitalmente presente na economia de um país sem sofrer nenhum tipo de tributação.

Conforme identificado no Final Report[39] da Action 1, entregue em outubro de 2015, a economia digital é caracterizada por uma relação intrínseca com intangíveis, pelo uso massivo de dados – principalmente os de cunho pessoal – e a adoção generalizada de um modelo de negócios multifacetados.

A propósito, uma das questões fundamentais é identificar como as empresas, no contexto da economia digital, agregam

---

[39] Disponível em: <www.keepeek.com/Digital-Asset-Management/oecd/taxation/addressing-the-tax-challenges-of-the-digital-economy-action-1-2015-final-report_9789264241046-en#page1>. Acesso em: 9 jan. 2015.

valor a seus produtos, obtêm lucro e como a economia digital se comporta face aos conceitos de fonte e residência ou à caracterização de renda para fins de tributação.

O Task Force on the Digital Economy (TFDE), órgão responsável por desenvolver os trabalhos desse plano de ação, identificou os princípios aplicáveis ao comércio eletrônico, seguindo os preceitos da Ottawa Ministerial Conference on Eletronic Commerce:

1) *Neutralidade*. A tributação deve ser neutra e equitativa comparando-se o comércio eletrônico e as modalidades convencionais de transação comercial. Os negócios devem ser impulsionados por motivos econômicos e não por motivos tributários. Contribuintes em situações semelhantes que praticam transações semelhantes devem estar sujeitos a uma mesma carga tributária.
2) *Eficiência*. Os custos de *compliance* para os contribuintes e os custos administrativos para o fisco devem ser minimizados o máximo possível.
3) *Certeza e simplicidade*. As regras de tributação devem ser claras e simples, de modo que os contribuintes possam prever as consequências tributárias antecipadamente às transações.
4) *Eficiência e equidade*. A tributação deve ser capaz de gerar a quantidade certa de tributo no tempo correto.
5) *Flexibilidade*. Os sistemas de tributação devem ser flexíveis e dinâmicos, de modo que acompanhem o desenvolvimento tecnológico das relações comerciais.

Apesar de as diretrizes dos BEPS serem consideradas *soft law*, o Final Report da Action 1 é, com certeza, um grande marco na busca da segurança jurídica no que concerne aos desafios da tributação nacional na era da economia digital.

Diferentemente do BEPS, cuja finalidade é o combate aos planejamentos tributários abusivos, vale destacar que, em 6 de maio de 2016, foi editada a Instrução Normativa RFB nº 1.634, que tem por objetivo combater a corrupção e a lavagem de dinheiro.

Em linhas gerais, a referida instrução normativa traz novas regras para o Cadastro Nacional da Pessoa Jurídica (CNPJ) e hipóteses de divulgação de algumas informações dessas sociedades que possuam registro no CNPJ. Um bom exemplo dessa mudança reside no fato de que as informações cadastrais das sociedades deverão abranger as pessoas autorizadas a representá-las, bem como toda a cadeia de participação societária até os denominados beneficiários finais, que foram definidos como (1) a pessoa natural que, em última instância, de forma direta ou indireta, possui, controla ou influencia significativamente a entidade ou (2) a pessoa natural em nome da qual uma transação é conduzida, nos termos do art. 8º, § 1º, I e II, da referida instrução normativa.

Todavia, essa obrigatoriedade de indicação do beneficiário final teve início apenas em 1º de junho de 2017 para as novas sociedades, enquanto as sociedades registradas antes de 2017 podem prestar essas novas informações e regularizar a sua situação até dezembro de 2018.

Questões de automonitoramento

1) Após ler o material, você é capaz de resumir o caso gerador, identificando as partes envolvidas, os problemas atinentes e as soluções cabíveis?
2) O que foi o GATT? De que maneira sua existência interferiu na ratificação da OIC?
3) Quais as funções primordiais da OMC e quais seus recentes desafios?
4) Cite os ministérios do Brasil mais importantes para o comércio exterior, discorrendo sobre suas finalidades.

5) O que é o certificado de origem?
6) Quais são os desafios da tributação nacional na era da economia digital? Qual o papel do BEPS nesse contexto?
7) Pense e descreva, mentalmente, alternativas para a solução do caso gerador do capítulo 4.

2

Imposto de importação (II) e exportação (IE). Sujeição ativa e passiva. Fato gerador, base de cálculo e alíquota. Importação com e sem cobertura cambial. Drawback e Recof

Roteiro de estudo

Noções gerais sobre política de comércio exterior

O comércio exterior é um importante instrumento de política pública, e seu enfoque é definido pelo governo, de acordo com as necessidades de consumo da sociedade, frente a seu desenvolvimento industrial e tecnológico.

Evidentemente, houve um incremento nas operações de comércio exterior a partir do fenômeno da globalização, com a abertura dos mercados e criação dos blocos econômicos, o que acirrou a concorrência internacional.

Contudo, o grande desafio da atualidade é promover o crescimento econômico do país, diante da concorrência internacional, notadamente quando se tem uma das maiores cargas tributárias do planeta, como é o caso do Brasil.

Nesse contexto, houve praticamente a extinção da industrialização de certos produtos no mercado brasileiro, haja vista que o custo do produto importado é sobremaneira inferior ao produto nacional em diversos setores.

É muito discutível entre os economistas o acerto ou o equívoco da política de substituição de importações. Importante é verificar as condições básicas com que conta cada país no momento em que se dá o impulso para o desenvolvimento e o possível envolvimento desse país com economias de Estados aliados ou parceiros econômicos e políticos. Mecanismos de fomento à produção devem ser, em geral, acompanhados de providências visando privilegiar os agentes econômicos internos que se dedicam à industrialização com vistas à exportação, como o controle do câmbio e os instrumentos de controle administrativo das importações e das exportações.

Não é mais possível imaginar um país de economia fechada. A competitividade externa incita o aprimoramento dos meios de produção, a maior capacitação da mão de obra, a utilização intensiva, tanto quanto possível, da tecnologia, além do aproveitamento de outros fatores.

Portanto, é necessário o estabelecimento de certa seletividade na aquisição de bens do exterior, o que, por outro lado, pode conduzir ao protecionismo excessivo e descabido, tendente a se perpetuar, em vez de servir apenas como alavanca para o crescimento.

Por essa razão, o uso da tributação como instrumento de gestão do comércio exterior ganha relevo, em especial no que se refere aos impostos de importação e exportação.

Competência para legislar sobre o comércio exterior

Nos termos do art. 22, VIII, da Constituição da República Federativa do Brasil de 1988 (CRFB/1988), a competência para legislar sobre comércio exterior é da União.

O presidente da República, no uso da atribuição conferida pelo art. 84, IV, da Carta Magna e na qualidade de chefe do Poder Executivo da União, disciplina as normas relativas ao comércio exterior, precipuamente, pelo Regulamento Aduaneiro, o qual, historicamente, é introduzido por meio de decreto presidencial.

Atualmente, vige o Decreto nº 6.759/2009 (Regulamento Aduaneiro), que tem o condão de regulamentar a administração das atividades aduaneiras, a fiscalização, o controle e a tributação das operações de comércio exterior.

Além do presidente da República, também possui competência para legislar sobre a matéria, o Ministério da Fazenda, com base no art. 237 da CRFB/1988, o que inclui, em especial, os seguintes órgãos e autarquia: Câmara de Comércio Exterior (Camex), a Secretaria de Comércio Exterior (Secex), Secretaria da Receita Federal do Brasil (RFB) e Banco Central do Brasil (Bacen).

Registre-se que o pleno do Supremo Tribunal Federal (STF) já pacificou posicionamento, por unanimidade, no sentido de que o Poder Executivo tem legitimidade, amparado pelo art. 237 da Constituição Federal, para legislar sobre comércio exterior.[40]

Além disso, por ocasião dos julgamentos do Recurso Extraordinário nº 225.655/PB,[41] e do Recurso Extraordinário nº 225.602/CE,[42] respectivamente a Primeira Turma e o Plenário do Supremo Tribunal Federal entenderam inexistir norma constitucional ou legal que estabeleça ser a faculdade do dispositivo do art. 153, § 1º, da Constituição Federal, de exercício privativo do presidente da República.

---

[40] BRASIL. Supremo Tribunal Federal. RE nº 2.039.543/CE. Relator: ministro Ilmar Galvão. Tribunal Pleno. Julgamento em 20 de novembro de 1996. DJe, 7 fev. 1997.
[41] BRASIL. Supremo Tribunal Federal. RE nº 225.655-4/PB. Relator: ministro Ilmar Galvão. Primeira Turma. Julgamento em 21 de março de 2000. DJ, 28 abr. 2000.
[42] BRASIL. Supremo Tribunal Federal. RE nº 225.602/CE. Relator: ministro Carlos Velloso. Tribunal Pleno. Julgamento em 25 de novembro de 1998. DJ, 6 abr. 2001.

Jurisdição dos serviços aduaneiros

A jurisdição dos serviços aduaneiros pode ser exercida pela autoridade administrativa no território aduaneiro, o qual corresponde a todo o território nacional. Para fins administrativos, o território aduaneiro se divide em *zona primária* e *zona secundária*. Por se tratar de delimitação apenas para fins fiscais, pode-se concluir que a autoridade aduaneira é exercida sobre todo o território nacional, não existindo no país qualquer área ou região que a jurisdição da autoridade aduaneira não alcance.

Com fundamento jurisdicional e organizacional, a divisão se dá da seguinte forma: (1) *zona primária* é o interior dos portos, dos aeroportos e dos pontos de fronteira; (2) *zona secundária*, por sua vez, é a parte restante do território nacional, incluindo-se aí as águas territoriais e o espaço aéreo. O controle aduaneiro na zona primária é permanente; nos recintos aduaneiros de zona secundária, é continuado.

O Regulamento Aduaneiro (RA) prevê ainda a instalação de terminais aduaneiros, chamados de estações aduaneiras, de fronteira e interior. A estação aduaneira funciona como um prolongamento da alfândega, uma vez que nela são realizadas as operações de controle aduaneiro de mercadorias, inclusive a verificação aduaneira. A estação aduaneira de fronteira é localizada em zona primária, sendo administrada pela própria Receita Federal do Brasil ou por empresa habilitada como permissionária. A *estação aduaneira interior* (Eadi), também chamada de "porto seco", localiza-se na zona secundária e opera, na importação, com mercadorias embarcadas em unidades de carga, e, na exportação, com mercadorias que nelas devem ser embarcadas, tais como os contêineres, os reboques e os semirreboques.

Imposto de importação

O imposto de importação (II) está previsto no art. 153, I, da CRFB/1988, nos arts. 19 a 22 do Código Tributário Nacional e no Decreto-Lei nº 37, de 18 de novembro de 1966, bem como no Decreto nº 6.759/2009 (Regulamento Aduaneiro ou, simplesmente, RA).

O II incide justamente na importação, seja temporária ou definitiva, de mercadorias estrangeiras, no território nacional, juntamente com o ICMS e o IPI, além de contribuições sociais e, eventualmente, intervenção do domínio econômico. Assim, o II incide, por exemplo, sobre a bagagem de viajante procedente do exterior, cujo valor dos bens ultrapasse a cota de isenção.

O II se mostra como uma ferramenta importante para a política de comércio exterior do país, porquanto, por meio desse imposto, o governo pode estimular ou desestimular o crescimento de determinados setores da economia, bem como incentivar a produção nacional, atrair investimentos externos, prevenir a saída de divisas etc.

Trata-se, pois, da nítida função extrafiscal desse imposto, sendo certo que, em razão dessa característica, sua incidência se constituiu em exceção ao princípio da legalidade, com base no art. 153, § 1º, da Carta Magna.

Da mesma forma, o II constitui exceção ao princípio da anterioridade, a teor do que se infere do § 1º do art. 150 da CRFB/1988 (que veda a cobrança de tributo no mesmo exercício financeiro em que haja sido publicada a lei que o instituiu ou majorou), bem como está dispensado de observância ao princípio da anterioridade nonagesimal, nos termos do art. 150, III, "c", do mesmo diploma (o qual veda a cobrança do tributo antes de decorridos 90 dias, contados da data de publicação da lei que o institui ou aumentou). Dessa forma, é possível a vigência da norma relativa ao II a partir de sua publicação, a não ser que outra seja sua disposição.

Por fim, com exceção do princípio da legalidade, anterioridade e anterioridade nonagesimal, os demais princípios inerentes aos tributos em geral podem ser aplicados ao imposto de importação (II).

Fato gerador

O fato gerador do II é a entrada de mercadoria estrangeira no território aduaneiro (art. 72 do RA). Em regra, considera-se ocorrido o fato gerador do imposto na data do registro da declaração de importação, conforme dispõe o art. 73, I, do RA.[43] Nesse sentido, manifestam-se o STF e o STJ, como se pode verificar das ementas dos julgados a seguir colacionados.

EMENTA: RECURSO EXTRAORDINÁRIO. CONSTITUCIONAL. TRIBUTÁRIO. IMPOSTO DE IMPORTAÇÃO. MAJORAÇÃO DE ALÍQUOTA. DECRETO. AUSÊNCIA DE MOTIVAÇÃO E INADEQUAÇÃO DA VIA LEGISLATIVA. EXIGÊNCIA DE LEI COMPLEMENTAR. ALEGAÇÕES IMPROCEDENTES. 1. A lei de condições e limites para a majoração da alíquota do imposto de importação, a que se refere o artigo 153, § 1º, da Constituição Federal, é a ordinária, visto que lei complementar somente será exigida quando a Norma Constitucional expressamente assim o determinar. Aplicabilidade da Lei nº 3.244/57 e suas alterações posteriores. 2. Decreto. Majoração de alíquotas do imposto de importação. Motivação. Exigibilidade. Alegação insubsistente. A motivação do decreto que alterou as alíquotas encontra-se no procedimento administrativo de sua formação. 3. Majoração de alíquota. Inaplicabilidade sobre os bens descritos na guia de importação. Improcedência. A vigência do diploma legal que alterou a alíquota do imposto de importação

---

[43] Observa-se que o *caput* do art. 73 do Regulamento Aduaneiro foi alterado em maio de 2013 pelo Decreto nº 8.010/2013, para constar que o fato gerador se considera ocorrido, nos termos do art. 23, *caput* e parágrafo único, do Decreto nº 37/1966, na redação dada pela Lei nº 12.350/2010 (art. 40). Outra observação relevante diz respeito ao registro de exportação, para esclarecer que o mesmo é realizado por meio do Sistema Integrado de Comércio Exterior (Siscomex), responsável pelas atividades do registro, acompanhamento e controle das operações de comércio exterior, mediante fluxo único, computadorizado, de informações.

é anterior à ocorrência do fato gerador do imposto de importação, que se operou com a entrada da mercadoria no território nacional. Recurso extraordinário conhecido e provido.[44]

PROCESSUAL CIVIL E TRIBUTÁRIO. IMPOSTO DE IMPORTAÇÃO. COMPATIBILIDADE DO ART. 23 DO DECRETO-LEI N. 37/66 COM O ART. 19 DO CTN. FATO GERADOR. DATA DO REGISTRO DA DECLARAÇÃO DE IMPORTAÇÃO. PRECEDENTES.
1. Não há incompatibilidade entre o art. 19 do Código Tributário Nacional e o art. 23 do Decreto-Lei n. 37/66, porquanto o desembaraço aduaneiro completa a importação e, consequentemente, representa, para efeitos fiscais, a entrada de mercadoria no território nacional.
2. A jurisprudência desta Corte é no sentido de que, no caso de importação de mercadoria despachada para consumo, o fato gerador do imposto de importação ocorre na data do registro da declaração de importação. Desse modo, deve ser aplicada para o cálculo do imposto a alíquota vigente nessa data.
3. Precedentes: EDcl no REsp 1.000.829/ES, Rel. Min. Luiz Fux, Primeira Turma, DJe 17.6.2010; AgRg no Ag 1.155.843/RJ, Rel. Min. Castro Meira, Segunda Turma, DJe 30.9.2009; REsp 1.046.361/RJ, Rel. Min. Eliana Calmon, Segunda Turma, DJe 5.3.2009; REsp 139.658/PR, Rel. Min. Milton Luiz Pereira, Primeira Turma, DJ 28.5.2001.
Recurso especial provido.[45]

PROCESSUAL CIVIL E TRIBUTÁRIO. IMPOSTO DE IMPORTAÇÃO. ALÍQUOTA. VEÍCULOS AUTOMOTORES. DECRE-

---

[44] BRASIL. Supremo Tribunal Federal. RE nº 224.285/CE. Relator: ministro Maurício Corrêa. Tribunal Pleno. Julgamento em 17 de março de 1999. *DJ*, 28 maio 1999.
[45] BRASIL. Superior Tribunal de Justiça. REsp nº 1.220.979/RJ. Relator: ministro Humberto Martins. Segunda Turma. Julgamento em 5 de abril de 2011. *DJe*, 15 abr. 2011.

TOS 1.391/95 E 1.427/95. FATO GERADOR. OCORRÊNCIA. DESEMBARAÇO ADUANEIRO.

1. "É pacífico nesta Corte, a qual acompanha o posicionamento do Pretório Excelso, que o fato gerador da exação em tela ocorre no momento do registro da declaração de importação do bem na aduana, obviamente após a chegada da mercadoria no território nacional" (REsp 157.162, Min. Castro Meira, DJ de 01.08.05).
2. A alíquota constitui um dos componentes do critério quantitativo da regra-matriz de incidência da exação e, como tal, deve ser aferida no momento em que há a materialização de tal hipótese de incidência, isto é, em que ocorre o fato gerador.
3. Aplica-se o Decreto 1.427/95, que estabelecia a alíquota de importação para os veículos no percentual de 70%, sem manter a ressalva do art. 3º do Decreto 1.391/95, norma revogada ao tempo da ocorrência do fato gerador. Precedentes.
4. Agravo regimental não provido.[46]

Note-se que também pode se considerar ocorrido o fato gerador no dia do lançamento do correspondente crédito tributário, conforme o art. 73, II, do RA.

Tal regra é aplicável quando se tratar de: (1) bens contidos em remessa postal internacional não sujeitos ao regime de importação comum; (2) bens compreendidos no conceito de bagagem, acompanhada ou desacompanhada; (3) mercadoria constante de manifesto ou de outras declarações de efeito equivalente, cujo extravio tenha sido apurado pela autoridade aduaneira;[47] ou (4) mercadoria estrangeira que não haja sido objeto de declaração de importação, na hipótese de que tenha sido consumida ou revendida, ou não seja localizada.

---

[46] BRASIL. Superior Tribunal de Justiça. AgRg no Ag nº 1.155.843/RJ. Relator: ministro Castro Meira. Segunda Turma. Julgamento em 17 de setembro de 2009. *DJe*, 30 set. 2009.
[47] Ver Decreto nº 8.010/2013.

Finalmente, ainda sobre o fato gerador, destaca-se a controvérsia a respeito da incidência do II na aquisição de peças para fins de substituição de outras avariadas, decorrentes de uso normal em operação industrial. O tema já foi objeto do Recurso Especial nº 12.181, oportunidade em que a Segunda Turma do STJ[48] manifestou-se pela incidência do II sobre a nova importação. Com efeito, a importação posteriormente efetuada não se confunde nem se sobrepõe à primeira, dando origem, portanto, a novo fato gerador. Trata-se de nova operação de importação.

Por outro lado, já decidiu o Superior Tribunal de Justiça que não há fato gerador quando da importação de mercadoria em substituição a outra anteriormente importada, porém devolvida ao exterior em razão de defeito. No julgamento do Recurso Especial nº 953.655/SP[49] ficou consignado que "proceder à nova cobrança quando da entrada da outra mercadoria que veio para substituir a primeira configura *bis in idem* e atenta contra o direito do consumidor de usufruir da garantia do bem contratualmente firmada com o fornecedor do produto".

Sujeito passivo

O sujeito passivo da obrigação tributária é aquela pessoa física ou jurídica que adquire produtos importados para serem entregues no território nacional (contribuinte), ou pratica outros atos relacionados à aquisição de produtos estrangeiros (terceiro responsável).

Na qualidade de contribuinte, conforme o art. 104 do RA, há:

---

[48] BRASIL. Superior Tribunal de Justiça. REsp nº 12.181/PE. Relator: ministro Hélio Mosimann. Segunda Turma. Julgamento em 7 de novembro de 1994. *DJ*, 5 dez. 1994.
[49] BRASIL. Superior Tribunal de Justiça. REsp nº 953.655/SP. Segunda Turma. Relator: ministro Mauro Campbell. Julgamento em 24 de agosto de 2010. *DJe*, 30 set. 2010.

I - o importador, assim considerada qualquer pessoa que promova a entrada de mercadoria estrangeira no território aduaneiro;
II - o destinatário de remessa postal internacional indicado pelo respectivo remetente; e
III - o adquirente de mercadoria entrepostada.

Nos termos do art. 105 do RA, os responsáveis pelo pagamento do imposto são:

I - o transportador, quando transportar mercadoria procedente do exterior ou sob controle aduaneiro, inclusive em percurso interno;
II - o depositário, assim considerada qualquer pessoa incumbida da custódia de mercadoria sob controle aduaneiro; ou
III - qualquer outra pessoa que a lei assim designar.

Contudo, o transportador e o depositário somente possuem responsabilidade pelo pagamento do imposto se a avaria ou extravio tiver sido provocada por dolo ou culpa de um deles. É o que se depreende da interpretação sistemática dos arts. 660, 661, 662 e 664 do Regulamento Aduaneiro.

Não obstante, ressalta-se que o Superior Tribunal de Justiça mantém posicionamento pacífico no sentido de que o agente marítimo não pode ter responsabilidade tributária pela falta ou pela avaria verificada no curso do despacho aduaneiro de mercadoria importada, salvo se ficar comprovada sua participação no ato de que resultou o evento (sinistro).

Sobre o assunto, veja-se o esclarecedor julgado daquela Corte Superior, que foi considerado, inclusive, representativo de controvérsia, na forma do art. 1.036 do Código de Processo Civil de 2015 (correspondente ao art. 543-C do CPC de 1973):

PROCESSO CIVIL. RECURSO ESPECIAL REPRESENTATIVO DE CONTROVÉRSIA. ARTIGO 543-C, DO CPC. TRIBUTÁRIO. IMPOSTO SOBRE IMPORTAÇÃO. RESPONSABILIDADE TRIBUTÁRIA. AGENTE MARÍTIMO. ARTIGO 32, DO DECRETO-LEI 37/66. FATO GERADOR ANTERIOR AO DECRETO-LEI 2.472/88. AUSÊNCIA DE PREVISÃO LEGAL DA RESPONSABILIDADE TRIBUTÁRIA.

1. O agente marítimo, no exercício exclusivo de atribuições próprias, no período anterior à vigência do Decreto-Lei 2.472/88 (que alterou o artigo 32, do Decreto-Lei 37/66), não ostentava a condição de responsável tributário, nem se equiparava ao transportador, para fins de recolhimento do imposto sobre importação, porquanto inexistente previsão legal para tanto.

[...]

12. A jurisprudência do STJ, com base na Súmula 192/TFR, consolidou a tese de que, ainda que existente termo de compromisso firmado pelo agente marítimo (assumindo encargos outros que não os de sua competência), não se lhe pode atribuir responsabilidade pelos débitos tributários decorrentes da importação, por força do princípio da reserva legal (Precedentes do STJ: AgRg no Ag 904.335/SP, Rel. Ministro Herman Benjamin, Segunda Turma, julgado em 18.10.2007, DJe 23.10.2008; REsp 361.324/RS, Rel. Ministro Humberto Martins, Segunda Turma, julgado em 02.08.2007, DJ 14.08.2007; REsp 223.836/RS, Rel. Ministro João Otávio de Noronha, Segunda Turma, julgado em 12.04.2005, DJ 05.09.2005; REsp 170.997/SP, Rel. Ministro Castro Meira, Segunda Turma, julgado em 22.02.2005, DJ 04.04.2005; REsp 319.184/RS, Rel. Ministro Franciulli Netto, Segunda Turma, julgado em 03.06.2004, DJ 06.09.2004; REsp 90.191/RS, Rel. Ministra Laurita Vaz, Segunda Turma, julgado em 21.11.2002, DJ 10.02.2003; REsp 252.457/RS, Rel. Ministro Francisco Peçanha Martins, Segunda Turma, julgado em 04.06.2002, DJ 09.09.2002; REsp 410.172/RS, Rel. Ministro

José Delgado, Primeira Turma, julgado em 02.04.2002, DJ 29.04.2002; REsp 132.624/SP, Rel. Ministra Eliana Calmon, Segunda Turma, julgado em 15.08.2000, DJ 20.11.2000; e REsp 176.932/SP, Rel. Ministro Hélio Mosimann, Segunda Turma, julgado em 05.11.1998, DJ 14.12.1998).
[...]
17. Recurso especial fazendário desprovido. Acórdão submetido ao regime do artigo 543-C, do CPC, e da Resolução STJ 08/2008.[50]

O acerto desse entendimento pretoriano reside no fato de que o agente marítimo não é representante, empregado, mandatário ou comissário do transportador, mas sim representante do armador, não cabendo, por isso, a imputação de responsabilidade, nos termos do art. 135, II, do CTN.

Além dos responsáveis descritos no art. 105 do Regulamento Aduaneiro, há também os *responsáveis solidários*, dispostos no art. 106 do citado regulamento:

> I - o adquirente ou o cessionário de mercadoria beneficiada com isenção ou redução do imposto;[51]
> II - o representante, no País, do transportador estrangeiro;
> III - o adquirente de mercadoria de procedência estrangeira, no caso de importação realizada por sua conta e ordem,[52] por intermédio de pessoa jurídica importadora;
> IV - o encomendante predeterminado[53] que adquire mercadoria de procedência estrangeira de pessoa jurídica importadora;

---

[50] BRASIL. Superior Tribunal de Justiça. REsp nº 1.129.430/SP. Relator: ministro Luiz Fux. Primeira Seção. Julgamento em 24 de novembro de 2010. *DJe*, 14 dez. 2010.
[51] Ver arts. 120 e 124 do Regulamento Aduaneiro.
[52] Acerca da operação por conta e ordem, vejam-se os arts. 77 a 81 do Regulamento Aduaneiro c/c Instrução Normativa (IN) SRF nº 225, de 18 de outubro de 2002, e IN SRF nº 247, de 21 de novembro de 2002.
[53] As operações de importação por encomenda predeterminada foram introduzidas pela Lei nº 11.281/2006 (alterada pela Lei nº 11.542/2007 e IN SRF nº 634/2006).

V - o expedidor, o operador de transporte multimodal ou qualquer subcontratado para a realização do transporte multimodal;[54]

VI - o beneficiário de regime aduaneiro suspensivo destinado à industrialização para exportação, no caso de admissão de mercadoria no regime por outro beneficiário, mediante sua anuência, com vistas à execução de etapa da cadeia industrial do produto a ser exportado;[55] e

VII - qualquer outra pessoa que a lei assim designar.

Cálculo do imposto

O II devido pelo ingresso de mercadoria no território nacional é calculado mediante a aplicação de uma alíquota sobre uma base de cálculo. De modo geral, a alíquota desse imposto é representada por um percentual *ad valorem* que incide sobre uma base imponível em dinheiro.

Excepcionalmente, pode ser utilizada a alíquota específica, como é o caso de importações de fumo e seus derivados, ou, ainda, pode ser utilizada uma alíquota mista, isto é, a alíquota específica conjugada com a *ad valorem*, com base no art. 91 do RA.

A seguir, destacar-se-á apenas a alíquota *ad valorem*, por ser mais complexa e necessitar de maior detalhamento.

Outrossim, importa destacar que o fato gerador do imposto ocorre na entrada da mercadoria no território nacional, isto é, na data do registro da declaração de importação,[56] que é o ato pelo qual se formaliza o início do procedimento de importação.

---

[54] O operador de transporte multimodal (OTM) surgiu com a introdução da Lei nº 9.611, de 19 de fevereiro de 1998, e se caracteriza por ser regido por um único contrato, apesar de utilizar mais de uma forma de transporte, desde a origem até o destino, para a entrega do produto.

[55] É a hipótese do regime aduaneiro especial do entreposto industrial sob controle informatizado, denominado Recof, o qual será analisado adiante.

[56] A despeito de ter havido grande divergência doutrinária e jurisprudencial acerca do momento de ocorrência do fato gerador do imposto de importação, consolidou-se posicionamento para reconhecer sua incidência no momento do registro da declaração

ALÍQUOTA AD VALOREM

A alíquota *ad valorem* é representada por um percentual que incide sobre o valor aduaneiro da mercadoria importada, calculada com base no art. VII do Acordo Geral sobre Tarifas e Comércio (GATT).

Essa alíquota é encontrada junto à Nomenclatura Comum do Mercosul, baseada no Sistema Harmonizado de Designação e Codificação de Mercadorias (NCM/SH).

A tarifa externa comum

A tarifa externa comum (TEC)[57] foi instituída pelo Tratado de Assunção (art. 5º, "c", do Decreto Legislativo nº 350/1991, ratificado pelo Decreto nº 1.343/1994), com o objetivo de incentivar a competitividade dos Estados-partes, dispondo sobre a aplicação de alíquotas *ad valorem* aos produtos importados.

---

de importação, a teor do que se infere pela Súmula nº 4, publicada em 25 de agosto de 1978 pelo antigo Tribunal Federal de Recursos, que admitiu a compatibilidade do art. 23 do Decreto-Lei nº 37/1966 com o art. 19 do Código Tributário Nacional (CTN). Nesse sentido também se posicionou o STF no RE nº 91.337-8/SP. Relator: ministro Cordeiro Guerra. Tribunal Pleno. Julgamento em 6 de fevereiro de 1980. *DJ*, 20 fev. 1981.

[57] A TEC foi implementada, no Brasil, pelo Decreto nº 1.343, de 23 de dezembro de 1994, para vigorar a partir de 1995. Resultou da união aduaneira que o Brasil estabeleceu com os demais países do Mercosul. A partir de 1º de janeiro de 2007, entrou em vigor no Brasil a nova versão da Nomenclatura Comum do Mercosul (NCM) adaptada à IV Emenda do Sistema Harmonizado de Designação e Codificação de Mercadorias, aprovada pelo Conselho de Cooperação Aduaneira (SH-2007). A adaptação à IV Emenda do Sistema Harmonizado, assim como a correspondente tarifa externa comum (TEC), foi aprovada pelo Grupo Mercado Comum (GMC), por sua Resolução nº 70/2006, e publicada no Brasil pela Resolução Camex nº 43, de 22 de dezembro de 2006 (alterada pelas resoluções Camex nº 7/2007, nº 18/2007, nº 20/2007, nº 40/2007 e nº 50/2007). Vale destacar que a referida resolução da Camex incorporou também as modificações da NCM e da TEC decididas no âmbito do Mercosul pelas resoluções GMC nº 42/2006 e nº 68/2006. Todos os textos normativos podem ser consultados no site do Ministério do Desenvolvimento, Indústria e Comércio Exterior: <www.mdic.gov.br//sitio/interna/interna.php?area=5&menu=1848>. Acesso em: 22 jul. 2013. A alíquota prevista na TEC, portanto, representa a conjugação da NCM com a alíquota do imposto de importação.

Para as importações realizadas pelos demais países, que não fazem parte do Tratado de Assunção, aplicam-se as normas previstas no GATT (art. VII).

Quanto à TEC, suas alíquotas variam de acordo com a classificação fiscal da mercadoria estrangeira prevista em resolução da Camex, conforme o posicionamento da mercadoria segundo a Nomenclatura Comum do Mercosul (NCM).[58]

Veja-se, a seguir, como essa classificação se aplica na prática. Toma-se como exemplo o capítulo 1 (Animais vivos), em que o cavalo, quando não se trata de reprodutor de raça pura, está classificado na posição NCM/SH 0101.29.00, cuja alíquota correspondente é 2%. Caso seja reprodutor, a alíquota será igual a zero.

Quadro 1
EXEMPLO DE CLASSIFICAÇÃO NCM/SH

NCM	Descrição	TEC (%)
01.01	Cavalos, asininos e muares, vivos	
0101.2	Cavalos:	
0101.21.00	Reprodutores de raça pura	0
0101.29.00	Outros	2
0101.30.00	Asininos	4
0101.90.00	Outros	4

A partir do exemplo acima, verifica-se que os quatro primeiros dígitos da classificação fiscal da mercadoria referem-se ao capítulo e à posição em que a mesma se insere. Os dois dígitos subsequentes referem-se à subposição, que pode ser dividida

---

[58] Com base no Sistema Harmonizado de Designação e Codificação de Mercadorias, os países que integram o Mercosul elaboraram a NCM, que constitui a base da TEC.

em dois níveis, conforme o caso, e os últimos dois dígitos referem-se ao item e subitem em que a mercadoria está inserida, podendo-se concluir que o código NCM/SH de uma mercadoria poderá ter até oito dígitos.

Finalmente, vale ressaltar que as alíquotas previstas na TEC são modificadas pela Camex, conforme previsto no art. 92 do RA, porém nos limites e condições estabelecidos em lei.

Atualmente, as alíquotas da TEC podem alcançar até 35%, mas, por se tratar de um tributo com finalidade extrafiscal, é possível alterar as alíquotas de acordo com a política econômica, inclusive para defender o mercado interno da concorrência desleal no mercado internacional, seja por meio da prática de *dumping*[59] ou subsídios.[60]

Apenas a redução da alíquota do II recebe um tratamento mais especial, tendo em vista o impacto que essa medida pode provocar nos mercados externos, razão pela qual somente é pos-

---

[59] "Considera-se que há prática de *dumping* quando uma empresa exporta para o Brasil um produto a preço (preço de exportação) inferior àquele que pratica para produto similar nas vendas para o seu mercado interno (valor normal). Dessa forma, a diferenciação de preços já é, por si só, considerada como prática desleal de comércio. *Dumping*: preço de exportação < valor normal. *Exemplo*: Se a empresa A, localizada no país X, vende um produto naquele país por US$ 100 e exporta-o para o Brasil, em condições comparáveis de comercialização (volume, estágio de comercialização, prazo de pagamento), por US$ 80, considera-se que há prática de *dumping* de US$20." Disponível em: <www.mdic.gov.br//sitio/interna/interna.php?area=5&menu=3501>. Acesso em: 15 jul. 2013.

[60] Entende-se como subsídio a concessão de um benefício, em função das seguintes hipóteses: (1) caso haja, "no país exportador, qualquer forma de sustentação de renda ou de preços que, direta ou indiretamente, contribua para aumentar exportações ou reduzir importações de qualquer produto"; ou (2) caso haja "contribuição financeira por um governo ou órgão público, no interior do território do país exportador"; e (3) desde que com isso se confirme uma vantagem ao exportador. Assim, considera-se que existe subsídio quando o produtor ou exportador se beneficia com alguma ajuda financeira ou econômica do Estado, oferecida diretamente ou por meio de uma empresa privada que lhe permita a colocação de seus produtos no mercado externo a um preço inferior. Tal subsídio deve estar dirigido à indústria ou ao setor do qual provêm esses produtos. Fonte: <www.mdic.gov.br//sitio/interna/interna.php?area=5&menu=3501>. Acesso em: 15 jul. 2013.

sível sua alteração se obedecidos os ditames da lei e dos tratados dos quais o Brasil seja signatário, nos termos do art. 115 do RA.[61]

Sistema harmonizado

O Sistema Harmonizado de Designação e de Codificação de Mercadorias (SH) consiste em um sistema unitário para a nomenclatura de mercadorias concebido com o objetivo de permitir a elaboração de tarifas aduaneiras, de fretes, estatísticas, do comércio de importação e exportação de produtos e dos diferentes meios de transportes de mercadorias, entre outros.

Apresentado de forma precisa, detalhada e organizada, resultou da compatibilização da Nomenclatura do Conselho de Cooperação Aduaneira (NCCA), hoje Organização Mundial de Alfândegas, com a Classificação Uniforme para o Comércio Internacional (Cuci).

A estrutura do SH obedece a uma ordem progressiva de elaboração dos produtos, começando com animais vivos e terminando com obras de arte, compreendendo seções, capítulos, posições, subposições, dispostos de forma numérica, podendo chegar a oito dígitos, com a TEC.

Da mesma forma, proporciona uma estrutura lógica e legal dentro da qual se agrupam 9.721 itens, nas 1.255 posições distribuídas em 99 capítulos,[62] sendo estes ordenados em 21 seções.

Cada posição está identificada por uma série de quatro dígitos. Os dois primeiros dígitos indicam o capítulo, e os dois últimos, a posição dentro do respectivo capítulo.

As posições podem ainda estar subdivididas em duas ou mais subposições de um travessão (_), quando se trata de subpo-

---

[61] "Art. 115. A isenção ou a redução do imposto somente será reconhecida quando decorrente de lei ou de ato internacional."

[62] O capítulo 77 permanece reservado para possível uso futuro e os dois últimos capítulos são reservados para uso especial pelas partes contratantes.

sição simples, e por dois travessões (_ _), quando se trata de subposição composta. Quando uma determinada posição não for desdobrada em subposições, estas serão representadas por um par de zeros (00).

A Nomenclatura Brasileira de Mercadorias (NBM) adota uma subdivisão representada pelo item, correspondente no código ao sétimo dígito, e pelo subitem, subdivisão do item, representado no código pelo oitavo dígito. Quando determinado item não for subdividido em subitem, o oitavo dígito é representado por um zero.

Segue abaixo, a título de ilustração, a estrutura da TEC, com base no SH, conjugada com a NBM, denominada pela sigla NBM/SH:

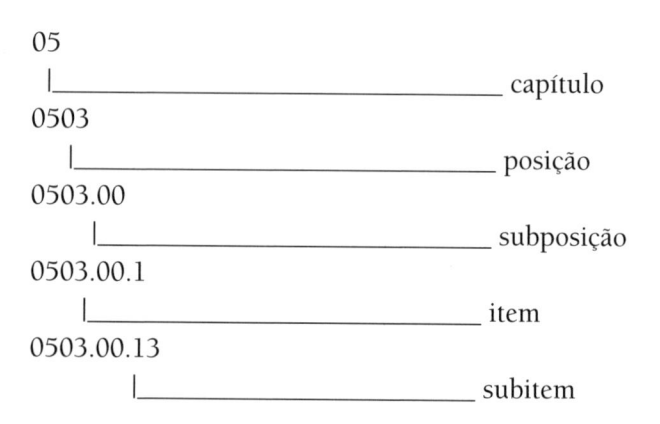

```
05
 |_____ capítulo
0503
    |_____ posição
0503.00
       |_____ subposição
0503.00.1
         |_____ item
0503.00.13
          |_____ subitem
```

Há, ainda, outros sistemas, como a Nomenclatura Aduaneira da Associação Latino-Americana de Integração (Naladi), adotada na comercialização de produtos entre os signatários do Tratado de Montevidéu, firmado em 1980. Igualmente, tem como base a nomenclatura Sistema Harmonizado. Os primeiros seis dígitos são comuns ao SH. Os dois últimos referem-se exclusivamente à Naladi.

A TEC pode conter, ainda, os chamados *ex*, em que se classificam produtos beneficiados com a redução de alíquota, tendo em vista o interesse econômico do país devidamente justificado pelo importador. Contudo, a alíquota diferenciada, conforme consta do Acórdão nº 302-34.235, do então Terceiro Conselho de Contribuintes,[63] é situação excepcional. A referência a essa condição no despacho aduaneiro incumbe ao importador, visto seu interesse exclusivo no gozo do direito.

Além de notas explicativas dos títulos de seções, capítulos, posições e subposições, a nomenclatura segundo o SH contém seis regras gerais e uma regra geral complementar para sua interpretação, que orientam a forma como são classificadas as mercadorias importadas em função de sua composição física ou química, da forma como são agrupadas ou desmembradas as mercadorias para fins de manuseio e transporte, da possível superposição na classificação, do estojo ou da embalagem utilizada para proteção e transporte etc.

No que tange à classificação em item e subitem, a classificação fiscal das mercadorias segue a regra geral complementar (RGC), que basicamente determina a adoção das regras e critérios do SH.

Não obstante, diversas outras fontes subsidiárias podem ser utilizadas no trabalho de classificação, uma vez que nem sempre com a aplicação das regras gerais chega-se a uma conclusão livre de dúvidas quanto ao posicionamento da mercadoria na NCM. Entre essas várias fontes destacam-se as notas explicativas do Sistema Harmonizado de Designação e Codificação de Mercadorias (Nesh) elaboradas pela Organização Mundial de Alfândegas. Apesar de não se constituírem de comentários exaustivos

---

[63] BRASIL. Terceiro Conselho de Contribuintes. Recurso nº 119.086. Segunda Câmara. Acórdão nº 302.34235. Relator: conselheiro Luis Antonio Flora. Julgamento em 11 de abril de 2000. Processo administrativo nº 11065.000836/94-01. Conteúdo do acórdão disponível em: <http://carf.fazenda.gov.br/sincon/public/pages/ConsultarJurisprudencia/consultarJurisprudenciaCarf.jsf>. Acesso em: 15 mar. 2017.

e definidos sobre o alcance geral das posições e subposições do SH, as notas explicativas permitem uma exata avaliação e interpretação do seu conteúdo.

Naladi

A Nomenclatura Aduaneira da Associação Latino-Americana de Integração (Naladi) é adotada na comercialização de produtos entre os signatários do Tratado de Montevidéu, firmado em 1980. Igualmente, tem como base a Nomenclatura Sistema Harmonizado. Os primeiros seis dígitos são comuns ao SH. Os dois últimos referem-se exclusivamente à Naladi.

BASE DE CÁLCULO

O crescimento do comércio internacional passou a exigir um sistema padronizado de valoração da mercadoria, em substituição aos então adotados, quase sempre instáveis, que constituíam, por essa razão, sério obstáculo à dinamização das trocas entre os países. Longo caminho foi percorrido até que se chegasse à forma adotada por grande número de países, baseada no preço real, o chamado valor de transação.

Aderindo ao Acordo para Implementação do Artigo VII do GATT, em 23 de julho de 1986, o Brasil passou a adotar como base de cálculo, nos casos de alíquota *ad valorem*, o preço real da mercadoria, conforme definido naquele ato, conhecido como Acordo de Valoração Aduaneira.

Diante disso, tem-se que a base de cálculo do II é o *valor aduaneiro* da mercadoria importada, assim entendido aquele estabelecido nos termos do que dispõe o Acordo de Valoração Aduaneira, aprovado com base no art. VII do GATT.

Com vistas a coibir abusos e arbitrariedades, o art. VII, § 2º, do GATT previu que o *valor aduaneiro*, por sua vez, deve se basear no *valor real* da mercadoria importada ou de mercadoria similar, e não no valor de uma mercadoria de origem nacional, nem em valores arbitrários ou fictícios.

Já o *valor real* deve ser o preço que, no tempo ou lugar determinado pela legislação do país importador, as mercadorias importadas ou similares são oferecidas à venda em condições normais de livre concorrência.

Considerando que o preço de tais mercadorias depende da quantidade transacionada, deve-se levar em conta (1) quantidades equivalentes ou (2) quantidades não menos favoráveis para importadores que aquelas em que as mercadorias sejam vendidas na maior quantidade de um país para outro.

No valor aduaneiro, também devem ser acrescidas as despesas necessárias à colocação do produto no porto, aeroporto ou outro ponto de descarga no Brasil, ou seja, trata-se dos seguintes elementos, em conformidade com o art. 77 do RA: (1) o custo de transporte das mercadorias importadas até o porto ou aeroporto alfandegado de descarga ou, ainda, de ponto de fronteira alfandegado de entrada, no país; (2) os encargos relativos à carga, descarga e manuseio, associados ao transporte das mercadorias importadas, até os locais referidos no item "1" anterior; (3) o custo do seguro relativo ao transporte e às operações de carga, descarga e manuseio.

A verificação e a entrega da mercadoria ao importador não significam que o valor declarado pelo importador tenha sido aceito em definitivo, uma vez que, dentro do prazo de decadência, esse valor pode ser questionado pela autoridade fiscal.

Portanto, observa-se que o valor de transação, para efeitos aduaneiros, tem como elementos essenciais o preço de venda, o tempo de sua efetivação, o local da operação, a quantidade comercializada e o nível comercial que envolve comprador e vendedor.

Da mesma forma, rejeitam-se, terminantemente, valores arbitrários ou fictícios, tais como pautas de valor mínimo ou preços de referência, ainda hoje muito utilizados em alguns países. Veja-se, no quadro 2, um exemplo de cálculo do II com base no valor de transação, já convertido para moeda nacional.[64]

Quadro 2
EXEMPLO DE CÁLCULO DO IMPOSTO DE IMPORTAÇÃO

Valor da mercadoria no local de destino	R$ 100.000,00
Valor do seguro	R$ 2.000,00
Valor do frete	R$ 1.000,00
Base do cálculo do II	R$ 103.000,00

Quando a alíquota for *ad valorem*, a fórmula utilizada para cálculo do II é a seguinte:

Imposto de importação = % × valor da mercadoria

Ao todo, são seis os métodos de valoração que permitem estabelecer a base de cálculo do imposto, sendo que, na declaração de importação, o importador deve informar qual o método de valoração aduaneira que está utilizando. São eles, em síntese:[65]

1) método do valor da transação;
2) método do valor de transação de mercadorias idênticas;
3) método do valor de transação de mercadorias similares;

---

[64] A moeda nacional é convertida pela taxa de câmbio vigente no dia de ocorrência do fato gerador, em conformidade com o art. 97 do RA, pelo próprio Siscomex. Com efeito, a taxa de câmbio prevista no Siscomex é fornecida pelo Banco Central, sendo certo que corresponde à média dos valores negociados em moeda estrangeira dos dois dias anteriores.
[65] Síntese extraída do *site* do Portal Brasileiro de Comércio Exterior: <www.comexbrasil.gov.br/conteudo/ver/chave/acordo-de-valoracao-aduaneira>. Acesso em: 16 ago. 2013.

4) método do valor de revenda (ou método do valor dedutivo);
5) método do custo de produção (ou método do valor computado);
6) método do último recurso (ou método pelo critério da razoabilidade).

Segundo esses métodos, quando o importador não puder utilizar como base o valor real pelo qual a mercadoria é transacionada, ele deverá levar em consideração o preço de produto idêntico ou similar importado ou, ainda, o preço da mercadoria vendida no local de exportação ou no mercado interno, devendo ser utilizado, ao final e sequencialmente, caso não seja possível valorar a mercadoria com base nos métodos anteriores, um preço obtido segundo critérios razoáveis, de caráter objetivo, tanto quanto possível.

Na hipótese de a operação de importação ser realizada entre partes vinculadas ou interdependentes, aplicam-se às regras do preço de transferência (*transfer pricing*) na apuração do imposto de renda e contribuição social sobre o lucro líquido, porém esse assunto não será objeto de aprofundamento neste livro.

A mercadoria cujo valor de transação não possa ser apurado imediatamente não poderá ser retida pela autoridade aduaneira, devendo ser retirada das dependências alfandegárias mediante a apresentação de garantias na forma de fiança, depósito ou qualquer outro meio satisfatório.

Isenções e reduções

O II pode ser dispensado, tendo em vista isenções ou reduções concedidas por lei ou ato internacional, vinculadas à qualidade do importador ou à destinação dos bens. Quando decorrentes de acordo internacional, somente serão beneficiadas mercadorias originárias do país signatário.

A isenção pode ser concedida em caráter *subjetivo*, *objetivo* ou *misto*. A primeira, praticamente inexistente, vincula-se à qualidade pessoal do importador. A isenção objetiva é aquela que leva em conta a espécie do bem ou sua destinação. A isenção também pode ser mista quando se combinam as duas hipóteses, quais sejam, as isenções subjetiva e objetiva. A maioria das isenções concedidas em matéria aduaneira, no Brasil, é de caráter misto.

Observadas as exceções previstas em lei ou no RA, a isenção ou redução do imposto não beneficia mercadoria com similar nacional.

A isenção ou redução do imposto, quando a título particular, será efetivada, em cada caso, por despacho da autoridade fiscal. A isenção ou a redução vinculada à qualidade do importador condiciona a transferência de propriedade ou uso dos bens, a qualquer título, ao prévio pagamento dos tributos dispensados pela isenção. Quando vinculada à destinação dos bens, fica condicionada a comprovação posterior do seu efetivo emprego nas finalidades que motivaram a concessão.

A importação beneficiada por isenção ou redução está sujeita à obrigatoriedade de transporte em veículo de bandeira brasileira, regra que se aplica, inclusive, ao transporte de mercadorias importadas por órgãos ou entidades da administração pública. Admite-se a dispensa, no caso de transporte aquático, quando não houver veículo disponível no local de embarque, caso em que o atestado liberatório, o *waiver*, é expedido pelo Ministério dos Transportes.

A isenção pode, quando autorizado por ato da Secretaria de Comércio Exterior do Ministério do Desenvolvimento, Indústria e Comércio Exterior (Secex), ser concedida sob a condição de inexistir bem similar produzido no país. A similaridade visa à proteção da indústria nacional contra o concorrente estrangeiro, mecanismo que, hoje, não se coaduna com a prática de liberação do comércio exterior, um dos pilares da nossa política econômica.

Quando o importador pretende gozar de isenção ou de redução do imposto, a fruição desses benefícios está sujeita ao exame prévio da similaridade procedido pela autoridade governamental, conforme já decidido pelo STJ:

> TRIBUTÁRIO. IMPOSTO DE IMPORTAÇÃO. PRODUTO ESTRANGEIRO. INEXISTÊNCIA DE SIMILAR NACIONAL. ISENÇÃO. RETROATIVIDADE DA PORTARIA Nº 279/96.
> Para fins de habilitação aos incentivos fiscais (redução ou isenção de impostos), exige-se que a comprovação da similaridade do produto nacional com o importado seja produzida antes da importação, junto ao Conselho de Política Aduaneira. Fato gerador ocorrido antes da aplicação do benefício da Portaria 279/96. *Ratio essendi* do artigo 144 do CTN. Recurso improvido.[66]

No mesmo sentido, vale trazer à colação o seguinte precedente no âmbito do Supremo Tribunal Federal (STF):

> DECISÃO: Trata-se de agravo de instrumento contra decisão que negou seguimento a recurso extraordinário interposto de acórdão que possui a seguinte ementa: "TRIBUTÁRIO. IMPOSTO DE IMPORTAÇÃO. ISENÇÃO DO TRIBUTO POR FALTA DE SIMILAR NACIONAL. DISCRICIONARIEDADE DA ADMINISTRAÇÃO. *A apuração de similaridade do produto importado com aquele fabricado na (sic) país, para efeitos de isenção fiscal, depende da destinação da mercadoria importada e da política dos órgãos governamentais competentes.* Ao Poder Judiciário está reservada a

---

[66] BRASIL. Superior Tribunal de Justiça. REsp nº 397.980/RJ. Relator: ministro Luiz Fux. Primeira Turma. Julgamento em 27 de agosto de 2002. *DJ*, 23 set. 2002.

apreciação do ato deferitório ou indeferitório da isenção apenas sob a ótica dos princípios e formas que regem a Administração Pública e os atos administrativos. *Não comprovada a inexistência de similar nacional em relação às máquinas importadas, correto o indeferimento da isenção.* Apelação desprovida" (fl. 105). No RE, fundado no art. 102, III, a, b e c, da Constituição, alegou-se ofensa aos arts. 1º, IV, 5º, I, II, VIII, X, XXXVI, LV, 150, II e III, 152, e 170 da mesma Carta. O agravo não merece acolhida. Bem examinados os autos, verifico que o agravante deixou de juntar cópia do inteiro teor da decisão agravada (fl. 179), o que inviabiliza a análise do instrumento. Segundo a jurisprudência deste Tribunal, o agravo de instrumento deve ser instruído com as peças obrigatórias e também com as necessárias ao exato conhecimento das questões discutidas (Súmula 288 do STF). Assim, a falta de qualquer delas autoriza o relator a negar seguimento ao agravo com base no art. 21, § 1º, do RISTF, e no art. 28, § 1º, da Lei 8.038/90. Isso posto, nego seguimento ao recurso. Publique-se. Brasília, 14 de abril de 2010. Ministro RICARDO LEWANDOWSKI – Relator.[67]

A rigor, a isenção ou a redução somente beneficia produto sem similar nacional em condições de substituir o importado. Um produto é considerado similar ao estrangeiro quando atende, cumulativamente, às seguintes condições: (1) qualidade equivalente e especificações adequadas ao fim a que se destine, (2) preço não superior ao do produto estrangeiro, a ele devendo ser acrescidos o II e demais tributos internos incidentes, além dos encargos cambiais, quando exigíveis; (3) prazo de entrega, ou prazo corrente para entrega, para o mesmo tipo de mercadoria.

---

[67] BRASIL. Supremo Tribunal Federal. AI nº 793.500. Relator: ministro Ricardo Lewandowski. Julgamento em 14 de abril de 2010. DJe-072, 26 abr. 2010, grifos nossos.

Na comparação de preços para averiguar a similaridade, devem ser acrescidos todos os tributos incidentes sobre a importação, isto é, o próprio II, o imposto sobre produtos industrializados, o PIS/importação, Cofins/importação, adicional de frete para renovação da Marinha Mercante, custo dos encargos cambiais e imposto sobre a circulação de mercadorias e serviços interestaduais e intermunicipais de transportes e comunicação.

O Regulamento Aduaneiro, em seu art. 201, prevê casos de dispensa de apuração da similaridade, tais como as isenções que beneficiam a bagagem de viajantes, as importações efetuadas por missões diplomáticas e consulares de caráter permanente, bem como por seus integrantes, importações sob o regime especial de *drawback*, além de outras.

A isenção pode também ser concedida sob a forma de contingenciamento, entendido como a importação realizada com o fim de complementar ou suprir o mercado interno afetado pela falta ou escassez de produção nacional.

No caso de oferta insuficiente, o importador deverá comprovar a aquisição de cota determinada do produto no mercado interno ou comprovar a recusa, incapacidade ou impossibilidade de fornecimento.

Nos casos de escassez de gêneros alimentícios, decorrentes de quebras de safra agrícola ou por qualquer outra razão determinante, pode ser concedida importação suplementar para suprir a carência, com isenção tributária.

Assinale-se que a isenção pode ser concedida, também, quando não houver produção nacional de matéria-prima ou de qualquer produto de base, ou quando esta for insuficiente para atender ao consumo interno. O contingenciamento pode ser autorizado com base em cotas tarifárias globais e/ou por período determinado, que não pode ultrapassar um ano, ou por cotas percentuais em relação ao consumo nacional.

Despacho aduaneiro de importação

É o procedimento fiscal mediante o qual é verificada a exatidão dos dados declarados pelo importador em relação à mercadoria importada a título definitivo ou não, aos documentos apresentados, à aplicação da legislação pertinente e ao pagamento de tributos, se devidos, com vistas ao seu desembaraço aduaneiro. O despacho aduaneiro implica o pagamento de tributos e o cumprimento de formalidades administrativas, tendo início com o registro da declaração de importação no Sistema Integrado de Comércio Exterior (Siscomex), feito pelo importador.

Utiliza-se a expressão "despacho aduaneiro para consumo" para significar a importação definitiva da mercadoria no território nacional.

O registro só é permitido após a declaração formal de chegada efetiva da mercadoria ao país, salvo na hipótese de despacho antecipado. Desembaraço aduaneiro é o ato final do despacho aduaneiro em virtude do qual é autorizada a entrega da mercadoria ao importador.

O prazo para início do despacho de importação deverá começar (art. 546 do Regulamento Aduaneiro):

1) até 90 dias da descarga, se a mercadoria estiver em recinto alfandegado de zona primária;
2) até 45 dias após esgotar-se o prazo estabelecido para a permanência da mercadoria em recinto alfandegado de zona secundária;
3) até 90 dias, contados do recebimento do aviso de chegada da remessa postal.

A inobservância dos prazos estabelecidos para início do despacho de importação será considerada dano ao erário, por abandono, resultando em perda das mercadorias.

O despacho aduaneiro de importação tem por base a declaração formulada pelo importador e consiste na prestação de informações referentes à mercadoria, ao transporte – como data e local de embarque e de desembarque –, ao regime tributário, à classificação tarifária, à valoração aduaneira, além de outras necessárias à perfeita identificação da mercadoria objeto da importação. A declaração é instruída com o conhecimento de carga, a fatura comercial e outros documentos previstos em acordos internacionais e na legislação aduaneira.

Em princípio, cada declaração diz respeito a um conhecimento de carga, exceto em algumas hipóteses específicas, como na importação de petróleo bruto e seus derivados, a granel, em que poderá ser autorizado o registro de mais de uma declaração para um mesmo conhecimento de carga. A data do registro da declaração determina o momento de ocorrência do fato gerador da importação para efeito de lançamento do crédito tributário.

Conhecimento de carga é o documento pelo qual o transportador atesta o recebimento da mercadoria a bordo do veículo condutor e se compromete a entregá-la no lugar de destino. O conhecimento de carga vale como prova de propriedade da mercadoria. De acordo com a consignação, o conhecimento de carga pode ser nominativo, à ordem do embarcador ou ao portador.

Os conhecimentos marítimos, conhecidos como B/L (*bill of lading*), são relacionados no manifesto de carga. O veículo procedente do exterior deve apresentar, em cada porto de descarga no país, tantos manifestos de carga quantos forem os locais onde houver recebido carga a ele destinada.

A fatura comercial, emitida pelo exportador, constitui documento comprobatório da transação efetuada. O conhecimento aéreo, ou AWB (*airway bill*) é equiparado à fatura comercial, desde que dele constem as indicações relativas à quantidade, espécie e valor das mercadorias correspondentes.

O então Terceiro Conselho de Contribuintes,[68] examinando o Recurso nº 119.953, que resultou no Acórdão nº 302-34.173, decidiu que o licenciamento de importação não se vincula ao estabelecimento do importador/consignatário, podendo a mercadoria importada ser despachada para estabelecimento distinto, desde que pertencente ao mesmo contribuinte.

Algumas formalidades são por vezes exigidas, por exemplo, a aposição de selo de controle para alguns tipos de mercadorias, a retirada de amostras para exames de laboratório a fim de permitir a identificação precisa da mercadoria objeto de conferência, bem como a apresentação de certificado de arqueação[69] para granéis. Qualquer exigência feita pelo auditor fiscal no ato de conferência aduaneira poderá ser objeto de auto de infração, se com ela o importador não concordar.

Nessa hipótese, o importador poderá oferecer impugnação ao auto de infração, instaurando a fase litigiosa do procedimento, havendo possibilidade de ser autorizada a liberação da mercadoria mediante a prestação de garantia, v.g. fiança bancária, caução de títulos públicos ou depósito.

O desembaraço aduaneiro é o ato final do despacho aduaneiro, em virtude do qual é autorizada a entrega da mercadoria ao importador.

Registrado o desembaraço da mercadoria no sistema, o Siscomex expedirá o comprovante de importação, que será entregue pela autoridade aduaneira ao importador, constituindo-se esse documento na prova do ingresso regular da mercadoria no país.

---

[68] BRASIL. Terceiro Conselho de Contribuintes. Recurso nº 119.953. Segunda Câmara. Acórdão nº 302-34.173. Relatora: conselheira Elizabeth Emílio de Moraes Chieregatto. Julgamento em 23 de fevereiro de 2000. Inteiro teor disponível em: <http://carf.fazenda.gov.br/sincon/public/pages/ConsultarJurisprudencia/listaJurisprudenciaCarf.jsf>. Acesso em: 15 mar. 2017.

[69] Arqueação é a operação que tem por fim determinar a capacidade do navio para carga quer em relação ao peso, quer ao volume.

Tratando-se de mercadoria inflamável, corrosiva ou radioativa, plantas e animais vivos, frutas frescas e outros produtos perecíveis ou sujeitos a danos por agentes exteriores, papel para impressão de livros, jornais ou periódicos, produtos importados por órgãos ou entidades da administração pública, bem como mercadoria transportada por via terrestre, fluvial ou lacustre, é permitido o despacho antecipado – aquele em que a declaração de importação é registrada antes da sua chegada ao ponto de descarga no país.

A declaração, recepcionada, será objeto de seleção feita pelo sistema, com base em limites e critérios previamente estabelecidos, convergindo, após, para um dos seguintes canais, sujeitando-se a mercadoria às providências concernentes a cada um deles, como indicado no quadro 3.

Quadro 3
CANAIS DE CONFERÊNCIA ADUANEIRA

Canal	Consequência
Verde	O desembaraço é automático.
Amarelo	A declaração é submetida, apenas, a exame documental, para a apuração de possíveis irregularidades que impeçam o despacho da mercadoria sem verificação física.
Vermelho	O desembaraço e a entrega da mercadoria só são cabíveis após o exame documental, a verificação física e a análise preliminar do valor aduaneiro.
Cinza	O desembaraço e a entrega da mercadoria dependem, além das verificações acima, do exame do valor aduaneiro, que deverá estar concluído no prazo de 60 dias, prorrogáveis, a contar da data do início do exame.

A conferência aduaneira, realizada na presença do importador ou de seu representante legal, será concluída no prazo máximo de cinco dias úteis, contados da data da recepção do extrato da declaração e dos documentos que a acompanham.

A apuração de avarias ou faltas de mercadorias embarcadas com destino ao Brasil é objeto de vistoria aduaneira, para fins de apuração de responsabilidades quanto ao recolhimento dos tributos devidos. Considera-se *avaria*, ou *dano*, todo prejuízo causado à mercadoria desde seu embarque no exterior até a sua chegada ao destino. Por *falta*, ou *extravio*, entende-se a constatação da não existência de mercadoria, tida como embarcada, quando de sua chegada ou no momento de apresentação, pelo depositário, para conferência.

Em decisão do STJ[70] datada de 16 de abril de 2002, por meio do REsp nº 362.910/PR, o ministro José Delgado, citando precedentes, entendeu não ser devido o II de mercadorias extraviadas em processo de trânsito para o Paraguai. Segundo a ementa do acórdão, o fato gerador do imposto só se aperfeiçoa com o registro da declaração de importação no Siscomex, conforme preceitua o art. 1º c/c art. 23 do DL nº 37/1966. Mesmo nos casos de mercadoria importada com isenção ou redução do imposto, este não é devido.

Outras modalidades de despacho aduaneiro são previstas na legislação, entre elas o *despacho simplificado*, segundo o qual, em determinadas hipóteses, por exemplo, na bagagem desacompanhada, amostras sem valor comercial, doações para instituições de assistência social, admissão temporária de bens destinados à exposição etc., é dispensado o cumprimento de formalidades, como o registro da declaração de importação no Siscomex.

Outro exemplo de diferente modalidade de despacho aduaneiro é o *despacho antecipado*, em que a declaração de importação pode ser registrada no Siscomex antes da chegada da mercadoria ao ponto de descarga no país. Aplica-se aos casos

---

[70] BRASIL. Superior Tribunal de Justiça. REsp nº 362.910/PR. Relator: ministro José Delgado. Primeira Turma. Julgamento em 16 de abril de 2002. *DJ*, 13 maio 2002.

de mercadoria transportada a granel, inflamável ou corrosiva, radioativa ou que apresente características de periculosidade, mercadoria perecível, plantas e animais vivos, frutas secas, papel para impressão de livros, jornais e periódicos, envolvendo órgãos da administração pública direta ou indireta, federal, estadual ou municipal, bem como a transportada por via terrestre, fluvial ou lacustre.

Certificação de origem

A origem dos bens importados com redução de direitos de importação, negociada em acordos bi ou multilaterais de comércio obedece, necessariamente, à comprovação da origem. Para fins de comprovação de origem, define-se *país de origem* de uma mercadoria como aquele onde ela foi produzida ou foi objeto de transformação substancial que lhe confira nova individualidade, ou seja, onde tenha sua classificação tarifária alterada.

É obrigatória a apresentação do *certificado de origem* para todas as importações de mercadorias que se beneficiam de tratamento tarifário preferencial, a exemplo das mercadorias provenientes de países integrantes da Associação Latino-Americana de Integração (Aladi), do Mercosul e da Organização Mundial do Comércio (OMC), organismos que objetivam a liberalização do comércio mediante a adoção de mecanismos de desgravação tarifária com vistas à formação de um mercado comum.

O certificado de origem, emitido para o fim de comprovação do direito de preferência tarifária, deve ser apresentado pelo importador, na data do início do despacho aduaneiro, à repartição aduaneira na qual se processar o despacho de importação.

Caso a mercadoria seja depositada em recinto alfandegado, o certificado somente pode ser exigido quando a mercadoria for despachada para consumo ou admitida em regime aduaneiro especial. Assim decidiu o Terceiro Conselho de Contribuintes no Recurso nº 120.641/RS.[71]

No caso específico do Mercosul, é considerado originário do país o produto que tenha incorporado o máximo de 40% do valor FOB (*free on board*)[72] do produto final em insumos de terceiros países. Assim também as operações de montagem permitem a incorporação de, no máximo, 50% de materiais oriundos de terceiros países, para que o produto possa ser considerado originário do país signatário do acordo.[73]

Outros tributos incidentes na importação

A operação de importação, em regra, enseja a incidência de outros tributos, além do II já mencionado, com exceção dos casos de isenção ou de aplicação dos regimes aduaneiros especiais. Os tributos são: o imposto sobre produtos industrializados (IPI); imposto sobre a circulação de mercadorias e serviços interestaduais e intermunicipais de transportes e comunicação (ICMS), PIS/Pasep-importação, Cofins-importação e o adicional ao frete para renovação da Marinha Mercante (AFRMM).

---

[71] BRASIL. Terceiro Conselho de Contribuintes. Terceira Câmara. Recurso nº 120.641. Acórdão nº 303-29.408. Relator: conselheiro Irineu Bianchi. Julgamento em 12 de setembro de 2000. Inteiro teor disponível em: <http://carf.fazenda.gov.br/sincon/public/pages/ConsultarJurisprudencia/listaJurisprudenciaCarf.jsf>. Acesso em: 15 mar. 2017.

[72] A cláusula FOB é um tipo de Incoterm (Internacional Commercial Terms), organizado pela Câmara de Comércio Internacional, com o objetivo de estabelecer a responsabilidade pelo pagamento de frete e transporte vigentes nas negociações comerciais internacionais entre empresas. Mais especificamente, a cláusula FOB significa que a responsabilidade pelo pagamento do frete e seguro, após a entrega da mercadoria, é do comprador.

[73] Para conhecer as normas preferenciais de certificado de origem, vale consultar o *site* do Ministério de Desenvolvimento, Indústria e Comércio Exterior: <www.desenvolvimento.gov.br/sitio/interna/interna.php?area=5&menu=2251>. Acesso em: 13 ago. 2014.

Imposto sobre Produtos Industrializados (IPI)

O imposto incide na importação de produtos de procedência estrangeira, isto é, quando ocorrer: (1) o desembaraço aduaneiro,[74] o que se dá mediante a liberação da mercadoria; (2) após a realização da conferência aduaneira;[75] ou, ainda, (3) quando houver avaria ou extravio do produto, devidamente apurado pela autoridade fiscal competente[76] (situação denominada *desembaraço aduaneiro presumido*).

Observa-se que o Decreto nº 7.212/2010 (Regulamento do IPI), em seu art. 27, atribui responsabilidade solidária às seguintes pessoas, por se vincularem à importação e por também serem responsáveis solidários relativamente ao II:

> Art. 27. São solidariamente responsáveis:
> [...]
> II - o adquirente ou cessionário de mercadoria importada beneficiada com isenção ou redução do imposto pelo seu pagamento e dos acréscimos legais;
> III - o adquirente de mercadoria de procedência estrangeira, no caso de importação realizada por sua conta e ordem, por intermédio de pessoa jurídica importadora, pelo pagamento do imposto e acréscimos legais;
> IV - o encomendante predeterminado que adquire mercadoria de procedência estrangeira de pessoa jurídica importadora, na operação a que se refere o § 3º do art. 9º, pelo pagamento do imposto e acréscimos legais;
> [...]

---

[74] Conforme art. 238 do Decreto nº 6.759/2009 (Regulamento Aduaneiro).
[75] É o ato pelo qual a autoridade confronta a mercadoria com a documentação apresentada para viabilizar a respectiva liberação.
[76] Ver art. 238, § 1º, do Regulamento Aduaneiro.

VII - o beneficiário de regime aduaneiro suspensivo do imposto, destinado à industrialização para exportação, pelas obrigações tributárias decorrentes da admissão de mercadoria no regime por outro beneficiário, mediante sua anuência, com vistas na execução de etapa da cadeia industrial do produto a ser exportado; [...]

A base de cálculo do imposto é a mesma utilizada no cálculo do II, por ocasião do despacho aduaneiro, acrescida do próprio II e mais o montante dos encargos cambiais pagos pelo importador ou dele exigíveis.[77] Os encargos cambiais eram utilizados no passado como uma medida protecionista do governo, mas caiu em desuso nos últimos anos, apesar de a previsão expressa de inclusão na base de cálculo do IPI ainda permanecer.

A alíquota do IPI aplicável sobre a operação de importação também se encontra na Tipi (tabela de incidência do imposto sobre produtos industrializados), com base na NCM e no SH, aprovada pelo Decreto nº 7.660/2011.

Por fim, há de se ressaltar que ambas as turmas do STF já reconheceram a não incidência do IPI na importação realizada por pessoa física[78] ou pessoa jurídica[79] não contribuinte do imposto, em atenção ao princípio da não cumulatividade previsto no art. 153, § 3º, II, da Constituição Federal.

---

[77] Art. 239 do Regulamento Aduaneiro.
[78] BRASIL. Supremo Tribunal Federal. Ag Reg no RE nº 272.230/SP. Relator: ministro Carlos Velloso. Segunda Turma. Julgamento em 29 de novembro de 2005. *DJe*, 10 fev. 2006. Ag Reg no RE nº 412.045/PE. Relator: ministro Ayres Brito. Primeira Turma. Julgamento em 29 de junho de 2006. *DJe*, 17 nov. 2006.
[79] BRASIL. Supremo Tribunal Federal. Ag Reg no RE nº 615.595/DF. Relator: ministro Ricardo Lewandowski. Primeira Turma. Julgamento em 13 de abril de 2011. *DJe*, 19 jun. 2012. Ag Reg no RE nº 627.844/RJ. Relator: ministro Celso de Mello. Segunda Turma. Julgamento em 16 de outubro de 2012. *DJe*, 12 nov. 2012.

Entretanto, o STF mudou esse entendimento ao analisar o Recurso Extraordinário nº 723.651/PR,[80] ocasião em que se entendeu pela incidência do IPI na importação de veículo automotor pelo adquirente, nos seguintes termos:

> IMPOSTO SOBRE PRODUTOS INDUSTRIALIZADOS – IMPORTAÇÃO DE BENS PARA USO PRÓPRIO – CONSUMIDOR FINAL. Incide, na importação de bens para uso próprio, o Imposto sobre Produtos Industrializados, sendo neutro o fato de tratar-se de consumidor final.

Imposto sobre a Circulação de Mercadorias e Serviços Interestaduais e Intermunicipais de Transportes e Comunicação (ICMS)

Nos termos do art. 155, II e seu § 2º, IX, "a", da CRFB/1988, o ICMS incide

> sobre a entrada de bem ou mercadoria importados do exterior por pessoa física ou jurídica, ainda que não seja contribuinte habitual do imposto, qualquer que seja a sua finalidade,[81] cabendo o imposto ao Estado onde estiver situado o domicílio ou o estabelecimento do destinatário da mercadoria, bem ou serviço.

Assim como ocorre com os demais tributos incidentes sobre a operação de importação, o momento de sua apuração e pagamento é o desembaraço aduaneiro da mercadoria,[82] sendo

---

[80] BRASIL. Supremo Tribunal Federal. RE nº 723.651/PR. Tribunal Pleno. Relator: ministro Marco Aurélio. Julgamento em 4 de fevereiro de 2016. DJe, 5 ago. 2016.
[81] Diferentemente do IPI, há previsão constitucional expressa legitimando a cobrança do ICMS incidente sobre a importação cujo beneficiário não seja contribuinte do imposto, afastando-se, in casu, a aplicação do princípio da não cumulatividade.
[82] Ver art. 12, IX, da Lei Complementar nº 87/1996.

certo que a Receita Federal do Brasil repassa as informações para a Secretaria Estadual de Fazenda competente.[83]

Contudo, o sujeito ativo competente não é a Secretaria Estadual de Fazenda do local de desembaraço da mercadoria, mas sim aquela em que se localiza o destinatário da mercadoria importada.

Isso ocorre porque é comum a contratação por parte da pessoa física ou jurídica interessada na aquisição do produto importado, de empresas especializadas em operações dessa natureza, a exemplo da *trading company*, a qual realiza a operação de importação na modalidade de encomenda predeterminada ou por conta e ordem de terceiros, devendo indicar no Siscomex os dados da empresa destinatária das mercadorias.

A base de cálculo do ICMS, conforme prevê o art. 13 da Lei Complementar (LC) nº 87/1996, é a soma do valor da mercadoria importada ou da operação de importação, acrescido de II, IPI, impostos sobre operações financeiras, PIS-importação, Cofins-importação, bem como de outros impostos, taxas, contribuições e despesas aduaneiras, além do próprio ICMS.

Convém destacar que o STF já consolidou posicionamento reconhecendo a constitucionalidade do "cálculo por dentro" do ICMS[84] (já que ele mesmo é incluído na base de cálculo), bem como a constitucionalidade da inclusão do IPI[85] na base de cálculo, notadamente em razão da previsão expressa no art. 13, V, "e", da LC nº 87/1996.

---

[83] Acerca da operacionalização da transmissão de informações entre a RFB e a Sefaz, no que se refere à operação de importação, sugere-se consulta ao art. 52 da IN SRF nº 680/2006.

[84] BRASIL. Supremo Tribunal Federal. RE nº 582.461/SP. Relator: ministro Gilmar Mendes. Tribunal Pleno. Julgamento em 18 de maio de 2011. *DJe*, 18 ago. 2011.

[85] BRASIL. Supremo Tribunal Federal. RE nº 602.899 Agr/RS. Relator: ministro Luiz Fux. Primeira Turma. Julgamento em 5 de março de 2013. *DJe*, 20 mar. 2013.

O preço de importação expresso em moeda estrangeira será convertido em moeda nacional com base na mesma taxa de câmbio utilizada para cálculo do II.

As alíquotas do ICMS incidentes sobre a operação de importação também são fixadas pelo estado destinatário da mercadoria, haja vista a competência estadual para legislar sobre o imposto, outorgada pelo art. 155, II, da Constituição Federal, respeitando-se, no entanto, a seletividade, isto é, a fixação da alíquota em função da essencialidade do produto.

Objetivando amenizar os efeitos da guerra fiscal dos estados, tendo em vista que alguns, para incentivar a realização de importação por meio de seus portos, optaram por conceder benefícios fiscais ao arrepio do Confaz,[86] o Senado Federal publicou a Resolução nº 13, de 24 de abril de 2012, fixando-se a alíquota de 4% apenas nas operações interestaduais de mercadorias importadas que atendam aos seguintes requisitos:

> § 1º. [...]
> I - não tenham sido submetidos a processo de industrialização;
> II - ainda que submetidos a qualquer processo de transformação, beneficiamento, montagem, acondicionamento, reacondicionamento, renovação ou recondicionamento, resultem em mercadorias ou bens com Conteúdo de Importação superior a 40% (quarenta por cento).

Em complementação, foram editados o Convênio Confaz nº 38/2013, bem como o Ajuste Sinief nº 9/2013, mas ainda há muita controvérsia sobre o tema, em especial acerca da divulgação

---

[86] O fundamento de validade da necessidade de convênio do Confaz para deliberar acerca de benefícios fiscais concedidos por estados encontra-se no art. 155, § 2º, XII, "g", da CRFB/1988 c/c Lei Complementar nº 24/1975, recepcionada pela Constituição Federal por meio do art. 34, § 5º, do Ato das Disposições Constitucionais Transitórias (ADCT).

de informações do contribuinte que possam levar à conclusão da precisa margem de lucro aplicada ao negócio.

ADICIONAL AO FRETE PARA RENOVAÇÃO DA MARINHA MERCANTE (AFRMM)

O AFRMM constitui um dos recursos do Fundo da Marinha Mercante, destinado a prover a renovação, ampliação e recuperação da frota mercante nacional, instituído pelo Decreto-Lei nº 2.404, de 23 de dezembro de 1987, atualmente revogado pela Lei nº 10.893/2004, com atualizações posteriores.

O AFRMM tem como fato gerador o início do descarregamento da embarcação no porto brasileiro.

A alíquota incidente[87] sobre a operação de importação corresponde a 25%, uma vez que a modalidade de transporte será a navegação de longo curso.[88]

A base de cálculo é o valor do frete declarado no conhecimento de embarque respectivo, e o contribuinte é o signatário constante no conhecimento de embarque, ou seja, trata-se da empresa de navegação marítima, sendo o proprietário da carga solidariamente responsável pelo pagamento do AFRMM. Apenas nas hipóteses em que não for exigível o conhecimento de embarque, o contribuinte será o proprietário da carga.

Quando o frete estiver expresso em moeda estrangeira, a conversão deve ser feita à taxa média para compra, indicada pelo Bacen e vigente na data de início efetivo da operação de descarga da embarcação.

---

[87] Lei nº 10.893/2004: "Art. 6º. O AFRMM será calculado sobre a remuneração do transporte aquaviário, aplicando-se as seguintes alíquotas: *I - 25% (vinte e cinco por cento) na navegação de longo curso*; II - 10% (dez por cento) na navegação de cabotagem; e III - 40% (quarenta por cento) na navegação fluvial e lacustre, quando do transporte de granéis líquidos nas regiões Norte e Nordeste" (grifo nosso).

[88] Entende-se por navegação de longo curso aquela realizada entre portos brasileiros e estrangeiros, independentemente de serem marítimos, fluviais ou lacustres, a teor do art. 2º, II, da Lei nº 10.893/2004.

De acordo com a Lei nº 12.599/2012, a Receita Federal do Brasil passou a ser responsável pelo controle e fiscalização da arrecadação desse tributo, sendo que o pagamento deverá ser realizado antes da autorização de entrega da mercadoria.

PIS/Pasep-importação e Cofins-importação

Por meio da Lei nº 10.865/2004, a contribuição para o Programa de Integração Social (PIS) e Programa de Formação do Patrimônio do Servidor Público (Pasep) e a Contribuição Social para o Financiamento da Seguridade Social (Cofins) passaram a incidir sobre a importação de produtos estrangeiros ou serviços, originando o PIS/Pasep-importação e a Cofins-importação.

O fato gerador das contribuições, como definido no art. 3º da lei em comento, é:

> I - a entrada de bens estrangeiros no território nacional; ou
> II - o pagamento, o crédito, a entrega, o emprego ou a remessa de valores a residentes ou domiciliados no exterior como contraprestação por serviço prestado.

O contribuinte é o importador ou a pessoa, física ou jurídica, que contrata serviços do exterior, enquanto o adquirente dos bens estrangeiros, cuja importação tenha sido realizada por sua conta e ordem, é responsável tributário,[89] assim como o transportador também o é.

A base de cálculo do PIS/Pasep e da Cofins incidentes sobre a importação de bens é o valor aduaneiro do produto importado, acrescido do ICMS e das próprias contribuições ("cálculo por

---

[89] Todas as hipóteses de responsabilidade tributária no PIS/Pasep-importação e na Cofins-importação estão previstas na Lei nº 10.865/2004, em especial no art. 6º.

dentro"). No caso de serviços importados, a base de cálculo é o valor pago, creditado, entregue, empregado ou remetido para o exterior, antes da retenção do imposto de renda, acrescido do ISS e do valor das próprias contribuições (igualmente, "cálculo por dentro").

Com efeito, destaca-se que o STF, em sessão realizada no dia 20 de março de 2013, reconheceu a inconstitucionalidade da inclusão do ICMS na base de cálculo de PIS e Cofins incidentes sobre a importação, assim como as próprias contribuições incidentes sobre elas mesmas, conforme se observa do extrato do julgamento relativo ao RE nº 559.937,[90] cujo acórdão foi publicado em 17 de outubro de 2013:

> Decisão: Prosseguindo no julgamento, o Tribunal negou provimento ao recurso extraordinário para reconhecer a inconstitucionalidade da expressão "acrescido do valor do Imposto sobre Operações Relativas à Circulação de Mercadorias e sobre Prestação de Serviços de Transporte Interestadual e Intermunicipal e de Comunicação - ICMS incidente no desembaraço aduaneiro e do valor das próprias contribuições", contida no inciso I do art. 7º da Lei nº 10.865/04, e, tendo em conta o reconhecimento da repercussão geral da questão constitucional no RE 559.607, determinou a aplicação do regime previsto no § 3º do art. 543-B do CPC, tudo nos termos do voto da Ministra Ellen Gracie (Relatora).[91]

Em 2015, com o advento da Lei nº 13.137, houve a elevação das alíquotas incidentes nas contribuições na importação. Agora,

---

[90] BRASIL. Supremo Tribunal Federal. RE nº 559.937/RS. Relatora: ministra Ellen Gracie. Tribunal Pleno. Julgamento em 20 de março de 2013. DJe, 17 out. 2013.
[91] Disponível em: <www.stf.jus.br/portal/diarioJustica/verDiarioProcesso.asp?numDj=206&dataPublicacaoDj=17/10/2013&incidente=2549049&codCapitulo=5&numMateria=156&codMateria=1>. Acesso em: 13 ago. 2014.

a alíquota predominante é de 2,1% para o PIS/Pasep-importação e de 9,65% para a Cofins-importação, mas há exceções previstas no art. 8º, da Lei nº 10.865/2004.

O pagamento dessas contribuições, assim como dos tributos anteriores, deve ser realizado na data do registro da Declaração de Importação (DI) ou na data de pagamento dos serviços prestados no exterior, de acordo com a hipótese ocorrida.

Aplicam-se ao PIS/Pasep-importação e à Cofins-importação as mesmas normas relativas à suspensão do pagamento do II e do IPI vinculado à importação, quando se tratar de importação sob os regimes aduaneiros especiais.

A alíquota predominante é de 1,65% para o PIS/Pasep-importação e de 7,6% para a Cofins-importação, mas há exceções previstas no art. 8º da Lei nº 10.865/2004.

O pagamento dessas contribuições, assim como dos tributos anteriores, deve ser realizado na data do registro da declaração de importação (DI) ou na data de pagamento dos serviços prestados no exterior, de acordo com a hipótese ocorrida.

Aplicam-se ao PIS/Pasep-importação e à Cofins-importação as mesmas normas relativas à suspensão do pagamento do II e do IPI vinculado à importação, quando se tratar de importação sob regimes aduaneiros especiais.

Imposto de exportação

O regime aduaneiro comum de exportação é aquele que tem em vista permitir a saída do país de mercadoria nacional ou nacionalizada com destino ao exterior. Considera-se, para esse fim, nacionalizada a mercadoria que tenha sido importada a título definitivo, incorporando-se, assim, à economia nacional.

O imposto de exportação, tributo de competência federal, exerce, quando incidente, função extrafiscal, razão por que constitui exceção aos princípios da legalidade e da anterioridade da lei. O referido imposto está previsto no art. 153, II, da Constituição da República, nos arts. 23 a 28 do Código Tributário Nacional e no Decreto-Lei nº 1.578, de 11 de outubro de 1977. Atualmente, a incidência do imposto está disciplinada no RA.

Dessa forma, o IE é devido em razão da exportação de mercadorias para o exterior, não importando o motivo da remessa do bem, que pode ser, por exemplo, objeto de contrato de compra e venda internacional. Alguns dos produtos comumente exportados pelo Brasil são: minérios, soja, açúcar de cana, café em grãos e petróleo bruto.

Fato gerador

O fato gerador do IE é a saída da mercadoria nacional ou nacionalizada (mercadoria estrangeira importada a título definitivo) do território aduaneiro (art. 213, do RA). Nesse ponto, é importante observar que o fato gerador não é o negócio jurídico da compra e venda do exportador para o estrangeiro, mas o fato material da saída de produto nacional, ou nacionalizado, para outro país, qualquer que seja o objetivo de quem o remeta.

Para efeito de cálculo do imposto, considera-se ocorrido o fato gerador na data do registro de exportação no Siscomex (art. 213, parágrafo único, do RA).

Considerando que a exportação de mercadorias nacionais ou nacionalizadas é uma operação comercial, poder-se-ia dizer que tal operação estaria sujeita à incidência do IPI e do ICMS. Entretanto, a Constituição da República de 1988 excluiu expressamente as exportações do campo de incidência do IPI (art. 153, § 3º, III) e do ICMS (art. 155, § 2º, X, "a").

Dessa forma, somente o IE incide sobre a exportação de mercadorias nacionais e nacionalizadas, mas, na prática, raras vezes esse imposto é cobrado.

Sujeito passivo

É contribuinte do imposto o exportador, assim considerada qualquer pessoa que promova a saída de mercadoria do território aduaneiro (art. 217 do RA).

Cálculo do imposto

Alíquotas

O imposto é calculado mediante a aplicação de uma alíquota sobre a base de cálculo. Tal como ocorre com o II, a redução ou o aumento das alíquotas do IE não estão sujeitos aos princípios da legalidade e da anterioridade, seja a normal ou a nonagesimal, criada com a Emenda Constitucional nº 42/2003.

Cabe à Câmara de Comércio Exterior (Camex), órgão colegiado vinculado à presidência da República, a decisão sobre a imposição, ou não, de alíquota sobre as exportações. Quando fixada por aquele órgão colegiado, a alíquota básica é de 30%, podendo pelo mesmo ser elevada até 150% ou reduzida a zero, de modo a atender aos objetivos da política cambial e do comércio exterior.

Base de cálculo

A base de cálculo é o preço normal que a mercadoria, ou sua similar, alcançaria, ao tempo da exportação, em uma venda em condições de livre concorrência no mercado internacional, observadas as normas expedidas pela Camex. O preço, à vista, da mercadoria, FOB (*free on board*) ou colocado na fronteira, é indicativo do preço normal.

Quando o preço da mercadoria for de difícil apuração ou suscetível de oscilações bruscas no mercado internacional, a

Camex fixará critérios específicos, ou estabelecerá pauta de valor mínimo, para apuração da base de cálculo (art. 214, § 1º, do RA). Para efeito de determinação da base de cálculo do IE, o preço de venda das mercadorias exportadas não poderá ser inferior ao seu custo de aquisição ou de produção, acrescido dos impostos e das contribuições incidentes e da margem de lucro de 15% sobre a soma dos custos, mais impostos e contribuições (art. 214, § 2º, do RA).

Despacho aduaneiro de exportação

Despacho aduaneiro de exportação é o procedimento pelo qual se processa, nas repartições alfandegárias, o desembaraço aduaneiro de mercadoria (nacional ou nacionalizada) para uso ou consumo no exterior, seja ela exportada a título definitivo ou não, após o pagamento de tributos, se devidos, e o cumprimento das formalidades legais e regulamentares exigidas.

Para processamento das exportações, está em vigor no Brasil o Sistema Integrado do Comércio Exterior (Siscomex), que simplifica os procedimentos, substituindo-os pelo registro no sistema, feito por meio de terminais instalados em agências do Banco do Brasil e demais bancos que operam com comércio exterior e que se habilitem a integrar o Siscomex, corretoras de câmbio, órgãos da Receita Federal do Brasil, despachantes aduaneiros e no próprio estabelecimento do exportador. O registro recebe um número específico, sequencial e nacional. É necessária a juntada da nota fiscal de venda do produto a ser exportado, sendo dispensável quando se trata, por exemplo, de remessa para o exterior de objeto de valor reduzido, de amostra sem valor comercial, além de outros.

Início do despacho aduaneiro de exportação

O despacho de exportação tem início na data em que a declaração de exportação recebe numeração específica. A declaração prestada pelo exportador ou seu representante legal é a base do despacho formulado junto à unidade da Receita Federal do Brasil com jurisdição sobre o estabelecimento do exportador ou recinto alfandegado no qual se encontre depositada a mercadoria, ou sobre o porto, aeroporto ou ponto de fronteira alfandegado por onde a mercadoria deixar o país via terminal do Siscomex.

O despacho é instruído com a primeira via da nota fiscal e, nas exportações por via terrestre, lacustre ou fluvial, com o conhecimento de carga e o manifesto de carga, além de outros documentos indicados em legislação própria de órgãos ou entidades que exercem controle específico sobre determinadas mercadorias.

O despacho de exportação poderá ser realizado em recinto alfandegado de zona primária ou de zona secundária ou em qualquer outro local não alfandegado de zona secundária, inclusive no estabelecimento do exportador, caso autorizado pela autoridade alfandegária.

Verificação aduaneira

Os documentos deverão ser entregues à unidade da Receita Federal do Brasil (RFB) de despacho em até 15 dias, contados da data do início do despacho de exportação, em envelope padrão, contendo a indicação do número atribuído à declaração para despacho.

A verificação aduaneira, realizada na presença do exportador ou de seu representante legal, consiste na identificação e quantificação da mercadoria, à vista das informações constantes do despacho e dos documentos que o instruem.

As divergências apuradas e as exigências formuladas no curso da verificação das mercadorias, bem como seu atendimento pelo exportador, serão registradas no sistema, sem prejuízo de outras medidas previstas na legislação vigente.

Desembaraço Aduaneiro

É o ato pelo qual, concluída a verificação sem exigência fiscal de qualquer natureza, seja com relação a tributos ou às formalidades legais e regulamentares, a mercadoria é liberada pelas autoridades aduaneiras, podendo ser embarcada com destino ao exterior. Constatada divergência ou infração não impeditiva do embarque, o desembaraço é realizado, sem prejuízo da lavratura de auto de infração, quando for o caso.

Quando desembaraçada em local de zona secundária, a mercadoria será removida até o local de embarque sob o regime especial de trânsito aduaneiro.

O despacho de exportação poderá ser interrompido (Instrução Normativa (IN) SRF nº 28/1994, art. 30):

1) em caráter definitivo, no caso de "tentativa de exportação de mercadoria cuja saída do país esteja proibida, vedada ou suspensa, nos termos da legislação vigente";
2) "até o cumprimento das exigências legais, quando as divergências apuradas caracterizarem, de forma clara e inequívoca, fraude relativa a preço, peso, medida, classificação e qualidade da mercadoria".

O despacho será cancelado quando decorrido o prazo de 15 dias contados da data do início do despacho de exportação, sem que tenha sido registrada, no sistema, a recepção dos documentos pela unidade da RFB de despacho; quando houver descumprimento das normas estabelecidas em instrução normativa expedida pela RFB; ou quando houver erro involuntário em registro efetuado no sistema, não passível de correção; ou, finalmente, quando o exportador desistir do embarque.

Averbação de Embarque

O ato final do despacho de exportação consiste na confirmação, pela fiscalização aduaneira, do embarque da mercadoria ou da transposição de fronteira. Na exportação de mercadoria a granel, o laudo de arqueação tem precedência sobre os demais documentos de embarque, para efeito de controle da quantidade embarcada. Procedida a averbação, é entregue ao exportador o comprovante de exportação.

Procedimentos especiais no Siscomex

Em alguns casos, o registro da declaração para exportação poderá ser feito após a saída da mercadoria, o que ocorre no caso de fornecimento de combustíveis e lubrificantes, para uso em veículos em trânsito internacional e na venda no mercado interno, a não residentes no país, de pedras preciosas e produtos de joalheria.

Despacho na zona secundária

Embora a conferência e o desembaraço normalmente sejam efetuados nas instalações portuárias, aeroportuárias ou de fronteira, pode-se requerer, à autoridade fiscal, que sejam os mesmos efetuados no próprio estabelecimento do exportador. No ponto de embarque para o exterior são verificados apenas os elementos de segurança colocados nos volumes, unidades de carga ou veículos. Para maior celeridade do despacho, a conferência de mercadorias destinadas à exportação é feita por seleção e amostragem.

Da mesma forma que nos procedimentos de importação, há mercadorias que se sujeitam ao controle de outros órgãos governamentais, como é o caso de exportações de animais e vegetais vivos, preparações de animais e de vegetais, armas e munições, medicamentos, equipamentos e componentes eletrônicos etc.

Regimes aduaneiros

Entende-se por regime aduaneiro o tratamento jurídico-tributário dispensado a uma mercadoria objeto de controle de importação ou de exportação, segundo as leis e regulamentos aduaneiros vigentes no país. Traduzem-se, também, como regras que disciplinam a entrada e a saída de bens no âmbito do território nacional. Os regimes aduaneiros podem ser comuns, especiais ou aplicados em áreas especiais.

Regimes aduaneiros gerais, ou comuns, são aqueles em que a mercadoria que chega ao país – ou dele sai – é submetida a todos os procedimentos normais de uma importação para consumo ou de uma exportação comum.

Entretanto, o legislador pátrio prevê situações que implicam a suspensão dos tributos. Tais hipóteses constituem os regimes aduaneiros especiais, também chamados de econômicos ou suspensivos, que se caracterizam pela suspensão do imposto incidente sobre a mercadoria, importada ou a ser exportada, por determinado período e sob condições estabelecidas na legislação. Os tributos suspensos são garantidos por termo de responsabilidade, com apresentação de fiança, caução, depósito ou seguro. Os regimes aduaneiros especiais são sempre concedidos por prazo determinado.

É de se salientar, ainda, a existência de regimes aduaneiros aplicados em áreas especiais, criadas com a finalidade de favorecer o progresso e o desenvolvimento de zonas fronteiriças de determinadas regiões do país, além de permitir o estreitamento das relações bilaterais com os países vizinhos.

A seguir, será analisada cada espécie de regime aduaneiro.

Regimes aduaneiros gerais

Regimes aduaneiros gerais, ou comuns, são aqueles em que a operação de importação ou exportação é realizada normalmente, com a incidência de todos os tributos aplicáveis (IPI, ICMS, AFRMM, PIS/Pasep-importação e Cofins-importação), sem alteração no controle administrativo normalmente vigente para a operação.

Regimes aduaneiros especiais

São aqueles que ensejam a suspensão da exigibilidade do crédito tributário e possuem normas específicas relativas ao controle administrativo da operação de importação ou exportação, com vistas a facilitar as exportações e fomentar o desenvolvimento econômico de determinadas regiões do país ou setores de mercado, conforme o caso.

Atualmente estão em vigor 16 regimes aduaneiros especiais. São eles: (1) admissão temporária; (2) áreas de livre comércio; (3) depósito afiançado; (4) depósito alfandegado certificado; (5) depósito especial; (6) depósito franco; (7) *drawback*; (8) entreposto aduaneiro; (9) exportação temporária; (10) exportação temporária para aperfeiçoamento passivo; (11) loja franca; (12) Recof; (13) Recom; (14) Repetro; (15) Repex; (16) trânsito aduaneiro.

A seguir, serão abordadas apenas as especificidades mais relevantes para o comércio exterior, relativas a cada um dos regimes aduaneiros.

TRÂNSITO ADUANEIRO

É o regime aduaneiro especial que permite o transporte da mercadoria, sob controle fiscal, de um ponto a outro do território aduaneiro, com suspensão dos tributos devidos (art. 315 do RA). O trânsito aduaneiro não se confunde com transporte, simples operação, diferente, portanto, de um regime jurídico. O trânsito aduaneiro pode se dar por via aquática, terrestre ou aérea. Ex.: o trânsito aduaneiro possibilita o transporte da mercadoria a ser exportada, desde o depósito até o ponto de saída definitiva do país, com a suspensão dos tributos normalmente incidentes.

O regime de trânsito aduaneiro terá de ser declarado expressamente no manifesto de carga, bem como no conhecimento de carga, como condição para a sua aceitação.

As obrigações fiscais, cambiais e outras suspensas pela aplicação do regime de trânsito aduaneiro são garantidas, na própria declaração de trânsito aduaneiro (DTA), mediante termo de responsabilidade firmado pelo beneficiário e pelo transportador, dispensada, exceto em alguns casos excepcionais, a prestação de fiança, depósito ou caução.

As cautelas fiscais são adotadas visando impedir a violação de volumes ou de recipientes do veículo transportador. Por cautelas fiscais, exemplificam-se a lacração, sinetagem, cintagem, marcação e o acompanhamento fiscal.

Antes do desembaraço para trânsito, a autoridade aduaneira do local de origem procede à vistoria aduaneira, o que também pode ser feito durante o percurso ou após a conclusão da operação de trânsito, no local de destino.

A operação de trânsito é concluída quando o veículo transportador chega à repartição de destino, a qual procederá ao exame da documentação apresentada, à verificação do veículo, dos lacres e demais elementos de segurança e da integridade da carga.

O transportador que não comprovar a chegada da mercadoria ao local de destino ficará sujeito ao cumprimento das obrigações fiscais assumidas no termo de responsabilidade, sem prejuízo de outras penalidades cabíveis.

A seguir, serão abordadas apenas as especificidades mais relevantes para o comércio exterior, relativas a cada um dos regimes aduaneiros.

Admissão temporária

Em 15 de dezembro de 2015, foi publicada a IN RFB nº 1.600, com o objetivo de dispor sobre a aplicação dos regimes aduaneiros especiais de admissão temporária e exportação temporária e que revogou a IN RFB nº 1.361/2013 que, até então, regulava a matéria.

O regime aduaneiro especial de admissão temporária é o que "permite a importação de bens que devam permanecer no País durante prazo fixado, com suspensão total da exigibilidade de tributos incidentes na importação, ou com suspensão parcial", objeto de pagamento proporcional, no caso de utilização econômica dos bens (Regulamento Aduaneiro, art. 353). Nesse caso, a reexportação do bem no prazo legalmente permitido é condição *sine qua non* para o gozo do regime especial.

Esse regime visa facilitar o ingresso temporário no país de:[92]

i) Bens destinados à realização/participação em eventos de natureza cultural, artística, científica, comercial e esportiva, para assistência e salvamento, para acondicionamento e transporte de outros bens e para ensaios e testes, com a suspensão total de tributos;

ii) Máquinas e equipamentos para utilização econômica (prestação de serviços ou na produção de outros bens), sob a forma de arrendamento operacional, aluguel ou empréstimo, com suspensão parcial de tributos e pagamento proporcional ao tempo de permanência no País; e

iii) Bens destinados a operações de aperfeiçoamento ativo (montagem, renovação, recondicionamento, conserto, restauração, entre outros, aplicados ao próprio bem), com suspensão total do pagamento de tributo.

---

[92] Disponível em: <www.receita.fazenda.gov.br/aduana/regadmexporttemp/regadm/regespadmtemp.htm>. Acesso em: 15 jan. 2016.

Todavia, a entrada no território aduaneiro de bens objeto de arrendamento mercantil contratado com entidades arrendadoras domiciliadas no exterior não se confunde com o regime de admissão temporária e está sujeita às normas gerais que regem o regime comum de importação.

Exceto nos casos previstos na legislação, o beneficiário do regime deve assinar um termo de responsabilidade assumindo a responsabilidade pelo pagamento dos tributos suspensos em caso de descumprimento do regime (art. 11, IN RFB nº 1.600/2015).

De acordo com a jurisprudência do Superior Tribunal de Justiça, o termo de responsabilidade firmado quando da admissão temporária de bens importados faz as vezes de um reconhecimento explícito do débito caso não seja engendrada a prorrogação prevista. Assim, superado o prazo sem prorrogação tempestiva, incidem os consectários previstos no termo de responsabilidade passível de ensejar o lançamento e consequente execução fiscal.[93]

O prazo de vigência do regime será de seis meses, prorrogável automaticamente por mais seis meses, limitado ao máximo de cinco anos. Registre-se, por oportuno, que não será exigida prestação de garantia na admissão temporária com suspensão total do pagamento de tributos.

Além disso, de acordo com o § 2º do art. 51 da IN RFB nº 1.600/2015, comprovado o descumprimento do regime, é exigível o recolhimento da multa de 10% do valor aduaneiro da mercadoria.

Admissão temporária para utilização econômica

O regime aduaneiro especial de admissão temporária para utilização econômica é o que permite a importação de bens desti-

---

[93] BRASIL. Superior Tribunal de Justiça. REsp nº 750.142/PR. Relator: ministro Luiz Fux. Primeira Turma. Julgamento em 19 de abril de 2007. *DJ*, 31 maio 2007.

nados à prestação de serviços a terceiros ou à produção de outros bens destinados à venda, por prazo fixado, com pagamento dos tributos federais incidentes na importação, proporcionalmente a seu tempo de permanência no território aduaneiro (art. 56 da IN RFB nº 1.600/2015).

Em outras palavras, o bem entra no país mediante arrendamento operacional, aluguel ou empréstimo contratado com empresas sediadas no exterior. O pagamento dos tributos é feito de maneira proporcional ao tempo de utilização estabelecido em contrato, ficando suspensos os tributos decorrentes da diferença entre o regime comum de importação e os calculados conforme o tempo de utilização.

Assim, nada impede que o importador, depois do primeiro pedido de admissão temporária para utilização econômica, deseje estender o contrato de arrendamento operacional, de aluguel ou de empréstimo, caso em que, além das medidas contratuais, deve requerer a prorrogação do regime.

A proporcionalidade a que se refere o art. 56 da IN RFB nº 1.600/2015 será obtida pela aplicação do percentual de 1% sobre o montante dos tributos originalmente devidos, por mês ou fração durante o período de vigência do regime.

O prazo máximo de vigência do regime será de 100 meses e a prestação de garantia em valor equivalente ao montante dos tributos suspensos sob a forma de: (1) depósito em dinheiro; (2) fiança idônea; ou (3) seguro aduaneiro.

Admissão temporária para aperfeiçoamento ativo

O regime de admissão temporária para aperfeiçoamento ativo é o que permite o ingresso, para permanência temporária no país, com suspensão do pagamento de tributos de bens estrangeiros ou desnacionalizados, destinados a operações de aperfeiçoamento ativo e posterior reexportação.

O prazo de vigência será aquele previsto no contrato de prestação de serviço celebrado entre o importador e a pessoa estrangeira, prorrogável na medida da extensão do prazo estabelecido no contrato. Ao contrário do regime de admissão temporária para utilização econômica, não será exigida prestação de garantia na admissão temporária para aperfeiçoamento ativo.

DRAWBACK

Instituído em 1966 pelo Decreto-Lei nº 37, de 21 de novembro de 1966, é benefício fiscal consistente na suspensão, isenção ou restituição de tributos incidentes sobre matérias-primas importadas, utilizadas em produtos exportados.

No *drawback*, portanto, o exportador importa matéria-prima para confeccionar mercadorias e, em seguida, exportá-las com o benefício da isenção ou suspensão dos impostos aduaneiros. Trata-se de um incentivo à exportação, pois reduz os custos de produção de bens exportáveis, tornando-os mais competitivos no mercado internacional. Ou seja, é benefício fiscal que visa desonerar as exportações e, com isso, fomentar a balança comercial brasileira.

Conforme José Augusto de Castro, a finalidade do *drawback* foi de "proporcionar redução de custos tributários dos produtos vendidos ao exterior, possibilitando ao exportador brasileiro competir em igualdade de condições com seus concorrentes de outros países".[94]

Em geral, podem ser importados no regime *drawback* matérias-primas, produtos semielaborados ou acabados utilizados na fabricação de produto destinado a exportação, além de partes,

---

[94] CASTRO, José Augusto de. *Exportação*: aspectos práticos e operacionais. 5. ed. São Paulo: Aduaneiras, 2003. p. 175.

peças e dispositivos que são incorporados ao produto. Também entram no regime de exportação materiais destinados à embalagem dos produtos destinados ao mercado externo.

Destacam-se a seguir suas principais vantagens:[95]

- Fiscal: redução dos encargos fiscais, por meio da suspensão do(a):
  - Imposto de Importação (II);
  - Imposto sobre Produtos Industrializados (IPI);
  - Contribuição para o PIS/Pasep e da Cofins;
  - Contribuição para o PIS/Pasep-Importação;
  - Cofins-Importação; e
  - Adicional de Frete para Renovação da Marinha Mercante (AFRMM).

Em relação aos insumos importados, também há suspensão do Imposto sobre Circulação de Mercadorias e Serviços (ICMS).

- Preço e qualidade: possibilidade de melhor escolha de fornecedores, com acesso a mais alternativas de preços e qualidade.

Dessa forma, o *drawback* é um incentivo à exportação, previsto no art. 383 do RA,[96] o qual apresenta impacto sobre a tributação incidente na importação de insumos (nacionais e estrangeiros) e cuja operação é vinculada a uma exportação.

Existem três modalidades de *drawback*: (1) suspensão, (2) isenção e (3) restituição. As duas primeiras modalidades, *suspensão* e *isenção*, são reguladas pela Secretaria de Comércio Exterior, enquanto a modalidade *restituição* é regulada pela Secretaria da Receita Federal do Brasil.

---

[95] Extraído da cartilha *Drawback integrado*, do MDIC, p. 6. Disponível em: <www.mdic.gov.br/arquivos/dwnl_1311196743.pdf>. Acesso em: 17 mar. 2017.
[96] Ver Decreto nº 8.010, de 16 de maio de 2013.

Em resumo, a primeira modalidade consiste na isenção dos tributos incidentes na importação de mercadoria, em quantidade e qualidade equivalentes, destinada à reposição de outra importada anteriormente, com pagamento de tributos, e utilizada na industrialização de produto exportado. A segunda, na suspensão dos tributos incidentes na importação de mercadoria a ser utilizada na industrialização de produto que deve ser exportado. A terceira trata da restituição de tributos pagos na importação de insumo importado utilizado em produto exportado.

Essa concessão é feita por um pedido de ato concessório, que possui um período de validade e especifica todos os montantes em valor e quantidade do que será comprado (local ou importado) e do que será exportado. Esse ato concessório é um compromisso assumido previamente com o Departamento de Operações de Comércio Exterior (Decex) e, a partir do pedido aprovado, o beneficiário poderá usufruir dos benefícios do regime.

Registre-se que o *drawback* é forma de isenção condicionada. Reconhecida a situação isentiva por meio de ato concessório, momento em que é investigado pela autoridade fiscal o preenchimento dos requisitos legais, não pode ser novamente exigida a demonstração da situação de regularidade quando do despacho aduaneiro.

Drawback suspensão

No regime de *drawback*, modalidade suspensão, os impostos incidentes sobre a importação (II e IPI) ficam suspensos até a posterior exportação das mercadorias produzidas, em prazo determinado. A dispensa dos tributos é condicionada à comprovação do embarque para o exterior do produto contendo os bens importados.

A exportação não ocorrida determina o restabelecimento das obrigações tributárias, principais e acessórias, devidas à época, pela ocorrência do fato gerador: a importação.

Para usufruir do regime especial *drawback* na modalidade suspensão, deve o importador estar munido do ato concessório do referido incentivo no momento do registro da declaração de importação, sob pena de ser compelido ao pagamento dos tributos incidentes sobre a operação.

Essa modalidade contempla o *drawback integrado suspensão*, previsto no art. 31, da Lei nº 12.350/2010, aplicável à aquisição no mercado interno ou na importação, de forma combinada ou não, de mercadoria para emprego ou consumo na industrialização de produto a ser exportado, podendo haver a suspensão dos tributos exigíveis na importação e na aquisição no mercado interno. A peculiaridade desse regime de *drawback* é que ele foi atribuído ao Departamento de Comércio Exterior (Decex), vinculado à Secretária de Comércio Exterior (Secex).

Nesse caso, serão constituídos termos de responsabilidade para o gozo dos direitos relativos ao II e ao IPI. A dispensa do AFRMM está condicionada a requerimento apresentado ao Departamento de Marinha Mercante.[97]

Em caso de descumprimento do regime suspensivo, será aplicado o art. 171 da Portaria Secex nº 23/2011, que prevê a devolução, ao exterior, de mercadoria importada, ou destruição, sob controle aduaneiro, a expensas do interessado, ou destinação para o consumo interno, mediante o pagamento de todos os tributos.

---

[97] Não obstante a Receita Federal do Brasil, por força do art. 3º, § 1º, da Lei nº 10.983/2004, atualizada pela Lei nº 12.599/2012, possuir competência para cobrança, fiscalização, arrecadação, rateio, restituição e concessão de incentivos do AFRMM, não houve extinção do Departamento de Marinha Mercante, sendo que o pedido de exclusão do AFRMM permanece sob a competência deste órgão, que é vinculado ao Ministério dos Transportes.

Ressalte-se que a não utilização da totalidade dos bens importados pelo regime *drawback* resulta na incidência do ICMS sobre o total dos bens não utilizados no processo de exportação.[98]

Drawback isenção

O *drawback isenção* está previsto no art. 393 do RA e também é chamado de *reposição de estoque* e *exportação antecipada*. Consiste na importação, com isenção de tributos, de mercadoria idêntica e em quantidade suficiente para substituir outra utilizada no processo de fabricação de produto exportado anteriormente. A empresa interessada requererá o benefício à Secex mediante a comprovação das exportações realizadas de produtos em cujo processo de industrialização tenham sido utilizadas partes, peças, matérias-primas ou insumos equivalentes àqueles, objeto do pedido de isenção.

Essa modalidade também contempla o *drawback integrado isenção*, o qual se aplica à aquisição no mercado interno ou a importação, de forma combinada ou não, de mercadoria equivalente à empregada ou consumida na industrialização de produto a ser exportado, com isenção de II, redução a zero do IPI, PIS/Pasep, Cofins, PIS/Pasep-importação e Cofins-importação.

O *drawback* integrado isenção tem por base a Lei nº 12.350/2010 e poderá ser solicitado sucessivamente, respeitado o limite de dois anos contados a partir da data de aquisição ou importação dos insumos com recolhimento de tributos.

A fruição desse benefício, da mesma forma vista no *drawback suspensão*, é condicionada à apresentação de pedido, juntamente com vários documentos, à Secex, que avaliará e expedirá o ato concessório, se estiver de acordo.

---

[98] TJ/RS. AC nº 70.054.356.803/RS. Relator: João Barcelos de Souza Junior. Julgamento em 29 de maio de 2013. *DJe*, 12 jun. 2013.

Drawback restituição

Por fim, a modalidade *drawback restituição*, prevista no art. 397 do RA, poderá abranger, de forma total ou parcial, os tributos pagos na importação de mercadoria exportada após beneficiamento, ou utilizada na fabricação, complementação ou acondicionamento de outra exportada.

O importador recebe um *certificado de crédito fiscal à importação*, válido por determinado prazo, que lhe assegura o direito à restituição dos tributos pagos na importação, tão logo comprove o embarque da mercadoria com destino ao exterior. Cabe ressaltar que a modalidade restituição difere da modalidade anterior, visto que, nesta, o importador opta pelo reembolso da quantia paga em troca do direito a uma nova importação isenta.

Os benefícios do *drawback* na importação estendem-se aos impostos internos. Por conseguinte, tem-se, com a aplicação do regime de *drawback*, não só a dispensa do II como também a IPI, do ICMS,[99] do IOF, do AFRMM, das contribuições para o PIS/Pasep e da Cofins, além de outros encargos que correspondam à efetiva contraprestação de serviços.

Outras modalidades

Além dessas modalidades de *drawback*, há também outras operações especiais, previstas na Portaria Secex nº 23/2011, a exemplo dos arts. 69, 101, 106, 109, 113, 115, entre outros.

O *drawback intermediário*, conhecido como *drawback verde/amarelo* ou *para fornecimento interno* é um dos exemplos listados acima, tendo sido destacado em razão de sua relevância para o comércio exterior.

---

[99] A dispensa do ICMS no regime de *drawback* ocorre por força do Convênio ICMS nº 27, celebrado pelo Confaz em 13 de setembro de 1990, em que há previsão de isenção de ICMS sobre a operação de importação que for contemplada com suspensão do II e IPI.

O *drawback verde/amarelo* foi instituído pela Lei nº 8.032/1990, permitindo o gozo da suspensão ou da isenção de tributos incidentes sobre matéria-prima e por fabricantes de bens intermediários, formadores da cadeia produtiva de produto a ser exportado ou já importado por outro industrial, fabricante do produto final, em decorrência de licitação internacional, contra pagamento em moeda conversível proveniente de financiamento concedido por instituição financeira internacional, da qual o Brasil participe, ou por entidade governamental estrangeira, ou, ainda, pelo BNDES, com recursos captados no exterior.

Diferentemente das demais modalidades de *drawback*, a modalidade prevista na Lei nº 8.032/1990 não condiciona o gozo do incentivo fiscal à comprovação da exportação do produto final, e sim à comprovação da venda do produto final no mercado interno, razão pela qual é conhecido como *drawback para fornecimento interno*.

Merece citação, ainda, o *drawback solidário*, em que duas ou mais empresas encarregadas da industrialização de produtos a serem exportados gozam do direito à isenção dos tributos devidos pela importação, na proporção da parcela correspondente a cada uma.

Finalmente, cabe citar o tipo *industrialização sob encomenda*, modalidade de *drawback* em que uma empresa comercial exportadora importa partes e peças, matérias-primas, produtos intermediários ou material de embalagem, para industrialização por terceiro e posterior exportação pela empresa importadora.

Entreposto aduaneiro

Entreposto aduaneiro é o regime especial que permite o depósito de mercadorias, em local determinado, com suspensão do pagamento de tributos e sob controle fiscal, aplicável tanto na importação quanto na exportação.

Os entrepostos aduaneiros podem ser de uso público ou privativo, sendo certo que as permissões serão sempre concedidas em caráter precário. São permissionárias de entreposto aduaneiro de uso público as empresas de armazéns gerais, as empresas comerciais exportadoras e as empresas nacionais prestadoras de serviços de transporte internacional de carga. Os entrepostos aduaneiros de uso privativo têm como permissionárias ou beneficiárias as empresas comerciais exportadoras, as chamadas *trading companies*.

O prazo de permanência no regime de entreposto aduaneiro é de no máximo um ano, sendo possível a prorrogação por prazo fixado pela autoridade, não ultrapassando três anos, no total.

Na importação

O regime especial de entreposto aduaneiro na importação é o que permite a armazenagem de mercadoria estrangeira em recinto alfandegado de uso público, com suspensão do pagamento dos impostos incidentes na importação (art. 404 do RA), além da contribuição para o PIS-importação e Cofins-importação.

O regime permite, ainda, entre outros casos, a permanência de mercadoria estrangeira em feira, congresso, mostra ou evento semelhante, realizado em recinto de uso privativo, previamente alfandegado para esse fim (art. 405 do RA).

É altamente vantajoso na prática do comércio internacional, visto permitir a admissão no regime de mercadoria importada, inclusive sem cobertura cambial, além de possibilitar o pagamento dos tributos incidentes sobre a importação somente no momento do registro da declaração de importação de parte da carga ou de sua totalidade, quando despachada para consumo no mercado interno.

Registre-se que, durante o período em que a carga permanece sob o regime de entreposto aduaneiro, não se exige a apresentação do termo de responsabilidade e da garantia relativos à carga, uma vez que a própria mercadoria é a garantia para a Receita Federal do Brasil, já que se encontra sob seu controle. Havendo inadimplemento do regime, a mercadoria poderá ser objeto de perdimento.

Na exportação

O regime especial de entreposto aduaneiro na exportação é o que permite a armazenagem de mercadoria destinada à exportação (art. 410 do RA).

O entreposto aduaneiro na exportação compreende as modalidades de regime comum e extraordinário. Na modalidade de regime comum, permite-se a armazenagem de mercadorias em recinto de uso público, com suspensão do pagamento dos impostos federais, da contribuição para o PIS/Pasep-importação e da Cofins-importação (art. 411, § 1º, do RA). O depositante somente goza do direito aos benefícios fiscais pela exportação no momento em que sua mercadoria deixa o país.

Na modalidade de regime extraordinário, permite-se a armazenagem em recinto privativo exclusivo das empresas comerciais exportadoras, ressalvando-se que o direito à utilização dos benefícios fiscais inerentes ao incentivo à exportação pode ser gozado antes do embarque ao exterior, ou seja, mais precisamente no momento da aquisição da mercadoria pela *trading company* (art. 411, §§ 2º e 3º, do RA).

Exportação temporária

É o regime aduaneiro especial disposto no art. 431 do RA c/c art. 90 da Instrução Normativa RFB nº 1.600/2015, que permite a saída para o exterior de mercadoria nacional ou nacionalizada, assim entendida toda mercadoria importada a título definitivo, sob a condição de retornar ao país em prazo determinado, no mesmo estado em que foi exportada, com desoneração da carga tributária na importação.

Havendo interesse na exportação para industrialização ou realização de conserto, reparo ou restauração, com posterior retorno ao Brasil, é possível aderir ao regime aduaneiro especial de *exportação temporária para aperfeiçoamento passivo*, previsto no art. 449, *caput*, e § 1º, do RA, exigindo-se o pagamento apenas dos tributos sobre o valor agregado.

Na hipótese de industrialização, a tributação incide sobre o *quantum* de valorização que a mercadoria sofreu e não sobre o custo da mercadoria empregada no processo industrial. Porém, em se tratando de conserto no exterior, a tributação incidirá apenas sobre o custo do material utilizado no serviço.

A verificação da mercadoria a ser exportada sob esse regime, para fins de sua identificação, poderá ser realizada no estabelecimento do exportador ou em outro local autorizado, assim como no seu retorno do exterior.

De acordo com a IN RFB nº 1.600/2015, o prazo de vigência do regime será de 12 meses, prorrogável automaticamente por mais 12 meses, por período não superior, no total, a cinco anos, a critério do titular da unidade da RFB responsável pela concessão.

Constitui requisito essencial para a concessão do regime o registro da exportação no Siscomex, o qual poderá ser dispensado nos casos de bagagem acompanhada e veículos utilizados por seus proprietários, assim como os destinados ao transporte de carga ou passageiros, além de outros, desde que ouvida a Secretaria de Comércio Exterior (Secex).

O pedido de autorização para operar no regime está sujeito a indeferimento pela autoridade da Receita Federal do Brasil do local de embarque ou da jurisdição da empresa beneficiária. Do indeferimento cabe recurso hierárquico, o que não impede a saída da mercadoria do país sob o regime.

Nesse caso, havendo retorno das mercadorias objeto da saída do território nacional com base na exportação temporária, serão exigidos os tributos incidentes sobre a operação de importação, além das multas eventualmente cabíveis, na forma do art. 436, § 2º, do RA c/c arts. 51 a 55 da IN RFB nº 1.600/2015.

Todavia, o STF já reconheceu a inconstitucionalidade do art. 93 do Decreto-Lei nº 37/1966 (Regulamento de IPI), por meio do RE nº 104.306/SP,[100] o qual exigia o pagamento do IPI em caso de importação de mercadoria nacionalizada, cuja exportação houvesse sido realizada ao amparo do regime especial de exportação temporária. Isso ensejou, inclusive, a publicação da Resolução do Senado Federal nº 436, em 18 de dezembro de 1987.

Esta matéria também já foi apreciada pelo Supremo,[101] à luz da Constituição Federal vigente, tendo sido mantido o posicionamento de inconstitucionalidade do art. 93 do Decreto-Lei nº 37/1966.

Outrossim, na hipótese de o pedido ter sido deferido, mas desrespeitado o prazo de retorno dos produtos ao país, será aplicada a multa de 5%, prevista no art. 72, II, da Lei nº 10.833/2003 c/c art. 104, § 3º, da IN RFB nº 1.600/2015, calculada sobre o preço normal da mercadoria. Essa multa aplica-se em caso de descumprimento de quaisquer condições, requisitos ou prazos estabelecidos para utilização do regime aduaneiro de exportação temporária ou exportação temporária para aperfeiçoamento passivo.

Exclui-se da aplicação do regime a saída de veículos de propriedade de residentes no país, para viagem de turismo a

---

[100] BRASIL. Supremo Tribunal Federal. RE nº 104.306/SP. Relator: ministro Octavio Gallotti. Pleno. Julgamento em 6 de março de 1986. *DJ*, 18 abr. 1986.
[101] BRASIL. Supremo Tribunal Federal. RE 606.102/SP. Relatora: ministra Cármen Lúcia. Segunda Turma. Julgamento em 27 de novembro de 2012. *DJe*, 18 dez. 2012.

países integrantes do Mercosul, conforme disposto em normas comunitárias.

Não se deve confundir a operação de exportação temporária, aqui citada, com a operação de exportação em consignação, já que a primeira consiste em regime aduaneiro especial e a última, apenas, em regime administrativo outorgado pela Secex, para incentivar a exportação dos produtos brasileiros.

Repetro

O Repetro, instituído pelo Decreto nº 3.161, de 2 de setembro de 1999, hoje sob a égide do Decreto nº 6.759 de 2009 (que regulamenta a administração das atividades aduaneiras e a fiscalização, o controle e a tributação das operações de comércio exterior), é o regime aduaneiro especial destinado às atividades de pesquisa e de lavra das jazidas de petróleo e gás natural.

A finalidade do Repetro é a desoneração de tributos federais, na exportação ou importação de bens de capital e sobressalentes, para a exploração e produção de petróleo e gás natural, conforme o tratamento aduaneiro adequado.[102]

O Repetro será aplicado de acordo com a regra do art. 458 do Regulamento Aduaneiro e em conformidade com o estabelecido na IN RFB nº 1.415/2013. A lei que define as atividades nas quais os bens sob o regime Repetro deverão ser utilizados é a de nº 9.478/1997, que trata da política energética nacional e das atividades relativas ao monopólio do petróleo.

Além desta, também são aplicáveis ao Repetro a Lei nº 12.276/2010, que trata da cessão onerosa do exercício das atividades de pesquisa e lavra de petróleo, de gás natural e de outros hidrocarbonetos fluidos da União à Petróleo Brasileiro

---

[102] QUINTANS, Luiz Cesar P. *Manual de direito do petróleo*. São Paulo: Atlas, 2015. p. 322.

S/A (Petrobras), e a Lei nº 12.351/2010, que dispõe sobre a exploração e a produção de petróleo de gás natural e de outros hidrocarbonetos fluidos sob o regime de partilha de produção, em áreas do pré-sal e em áreas estratégicas (Lei nº 12.276/2010, art. 6º; Lei nº 12.351/2010, art. 61).

O benefício previsto na Lei nº 12.276/2010 é extensivo apenas à Petróleo Brasileiro S/A (Petrobras). E, no caso do benefício previsto na Lei nº 12.351/2010, a Petrobras será, sempre, a operadora de todos os blocos contratados sob o regime de partilha de produção (Lei nº 12.351/2010, art. 4º).[103]

O prazo de validade do regime já foi alterado algumas vezes e, no atual momento, tem vigência prevista para até 31 de dezembro de 2020.[104]

Para a aplicação do regime, os bens submetidos à admissão temporária em Repetro deverão ter utilização econômica exclusivamente nos locais indicados nos contratos de concessão, autorização, cessão ou de partilha de produção.

A habilitação ao Repetro será outorgada por meio de Ato Declaratório Executivo (ADE) do titular da unidade da RFB de jurisdição do requerente e terá validade nacional. A habilitação não poderá ser transferida para outra empresa ou consórcio, inclusive no caso de fusão, cisão ou incorporação.

Registre-se que a IN nº 1.415/2013 prevê, no § 4º do art. 9º, a possibilidade de habilitação por consórcio ao Repetro desde que observadas as regras da IN RFB nº 1.199/2011, que regulamenta os procedimentos fiscais dispensados aos consórcios.

Por se tratar de um regime especial, o montante dos tributos incidentes na importação com pagamento suspenso em decorrência da aplicação do Repetro será consubstanciado em

---

[103] Disponível em: <http://idg.receita.fazenda.gov.br/orientacao/aduaneira/manuais/repetro/topicos/introducao>. Acesso em: 20 jan. 2016.
[104] Regulamento Aduaneiro, art. 376, I; IN RFB nº 1.415/2013, art. 9º, § 1º, I.

um termo de responsabilidade (TR), que será constituído na respectiva declaração de importação (DI).

Fundamentalmente o regime de Repetro está calcado no da admissão temporária. Porém, admite ainda duas ficções jurídicas: a da exportação e da importação ficta:

> Art. 2º. O Repetro admite a possibilidade, conforme o caso, de utilização dos seguintes tratamentos aduaneiros:
> I - exportação, sem que tenha ocorrido a saída do bem do território aduaneiro e posterior aplicação do regime aduaneiro especial de admissão temporária, no caso de bens de fabricação nacional, vendidos a pessoa jurídica domiciliada no exterior;
> II - exportação, sem que tenha ocorrido a saída do bem do território aduaneiro, no caso de partes e peças de reposição destinadas a bens já admitidos no regime de admissão temporária na forma do inciso I;
> III - importação, sob o regime de drawback, na modalidade de suspensão, de matérias-primas, de produtos semielaborados ou acabados e de partes ou peças para utilização na fabricação de bens a serem exportados na forma dos incisos I ou II; e
> IV - importação, sob o regime de admissão temporária, de bens desnacionalizados procedentes do exterior ou estrangeiros, com suspensão total do pagamento de tributos.

Da exportação sem saída do território aduaneiro

A exportação sem que tenha ocorrido a saída do território aduaneiro dos bens fabricados no Brasil, inclusive com a utilização de mercadorias importadas, será realizada pelo respectivo fabricante ou por empresa comercial exportadora a empresa sediada no exterior, contra pagamento em moeda nacional ou estrangeira de livre conversibilidade.

Os bens exportados serão entregues no território nacional, sob controle aduaneiro, ao comprador estrangeiro ou, à sua ordem, a pessoa jurídica habilitada ao Repetro.

Art. 13. O tratamento tributário concedido por lei para incentivo às exportações fica assegurado ao fabricante nacional, depois da conclusão:

I - da operação de compra dos produtos de sua fabricação, pela empresa comercial exportadora, na forma do Decreto-Lei nº 1.248, de 1972; ou

II - do despacho aduaneiro de exportação, no caso de venda direta a pessoa sediada no exterior.

Da admissão temporária no Repetro

Art. 15. A análise fiscal e a concessão do regime de admissão temporária serão processadas no curso do despacho aduaneiro, observados os seguintes requisitos:

I - importação em caráter temporário;

II - importação sem cobertura cambial;

III - adequação dos bens à finalidade para a qual foram importados;

IV - utilização dos bens em conformidade com o prazo de permanência constante da concessão; e

V - identificação dos bens.

Bens estrangeiros que ingressem no país para utilização econômica em Repetro podem ser dispensados do recolhimento dos tributos proporcionais desde que atendam a determinados requisitos e condições:

a) que a pessoa jurídica que irá importar os bens seja habilitada pela Receita Federal do Brasil (Regulamento Aduaneiro, art. 461-A);

b) que os bens sejam um daqueles constantes de relação elaborada pela Secretaria da Receita Federal do Brasil (Regulamento Aduaneiro, art. 458, § 1º);

c) que os bens sejam destinados exclusivamente às atividades de pesquisa e de lavra das jazidas de petróleo e de gás natural (IN RFB nº 1.415/2013, art. 1º).

Por conseguinte, a natureza jurídica da admissão temporária em Repetro é a de um regime de *admissão temporária para utilização econômica com suspensão total do pagamento de tributos incidentes na importação* (Lei nº 9.430, de 1996, art. 79; Decreto nº 6.759, de 2009, art. 373, *caput*), já que o pagamento parcial de tributos estaria dispensado neste caso (Lei nº 9.430, de 1996, art. 79, § único; Decreto nº 6.759, de 2009, art. 376, inciso I, alínea a), desde que atendidos determinados requisitos e condições.[105]

O desembaraço aduaneiro dos bens constantes da DI configura a concessão do regime e o início da contagem do prazo de vigência de sua aplicação.

Regimes aduaneiros aplicados em áreas especiais

Zona Franca de Manaus

A Zona Franca de Manaus (ZFM) é uma área de livre comércio de importação e de exportação e de incentivos fiscais especiais, estabelecida com a finalidade de criar no interior da Amazônia um centro industrial, comercial e agropecuário dotado de condições econômicas que permitam seu desenvolvimento,

---

[105.] Extraído do *site* da RFB, grifo no original. Disponível em: <https://idg.receita.fazenda.gov.br/orientacao/aduaneira/manuais/repetro/topicos/introducao>. Acesso em: 17 mar. 2017.

em face dos fatores locais e da grande distância a que se encontram os centros consumidores de seus produtos (art. 504 do RA).

A entrada de mercadorias estrangeiras na Zona Franca de Manaus, destinadas a seu consumo interno, industrialização em qualquer grau, inclusive beneficiamento, agropecuária, pesca, instalação e operação de indústrias e serviços de qualquer natureza, exportação, bem assim a estocagem para reexportação, será isenta dos II e do IPI (art. 505 do RA).

Os produtos importados ingressam na ZFM com isenção do II e do IPI. Excluem-se dos benefícios fiscais as armas e munições, os perfumes e cosméticos (salvo os classificados nas posições 3303 a 3307), além do fumo, as bebidas alcoólicas e os automóveis.

A saída de produto importado com benefícios fiscais da zona franca para outros pontos do território nacional, processo denominado internação, é objeto de tratamento tributário especial quando se tratar de bagagem ou internação. Neste último caso, está compreendida a saída de produto industrializado na ZFM com o emprego de matéria-prima, produto intermediário ou material para embalagem importados, ou quando o bem se destine à Amazônia ocidental, que compreende o restante do estado do Amazonas e dos estados do Acre, Rondônia e Roraima.

Contudo, em se tratando de saída da zona franca para outro ponto do território nacional, diverso dos mencionados anteriormente, será devido o pagamento de todos os impostos incidentes sobre a importação.

Na internação, o II é calculado com base em um coeficiente de redução da alíquota *ad valorem*, obtido mediante a aplicação de fórmula que leva em conta a participação de componentes nacionais e estrangeiros, bem como de mão de obra nacional empregada na sua produção.

Aplica-se a tarifa externa comum para cálculo do II, devendo a mercadoria ser considerada, nesse caso, procedente do exterior.

Os benefícios fiscais concedidos à ZFM estendem-se às áreas pioneiras, às zonas de fronteira e outras localidades da Amazônia ocidental, com vistas a estimular atividades econômicas, sociais e de consumo da região.

A remessa de mercadoria nacional para consumo ou industrialização na ZFM é considerada exportação brasileira para o exterior (art. 506 do RA).

Área de livre comércio

Para fins de desenvolvimento das regiões fronteiriças, tem sido autorizada a instalação de áreas de livre comércio (ALC), cujos incentivos fiscais assemelham-se aos da ZFM. As ALC são criadas por lei, sob regime semelhante ao da Zona Franca de Manaus, com o objetivo de promover o desenvolvimento das regiões fronteiriças e incrementar as relações bilaterais com os países vizinhos (art. 524 do RA). Subsidiariamente, aplica-se às áreas de livre comércio a legislação pertinente à ZFM.

Questões de automonitoramento

1) Após ler este capítulo, você é capaz de resumir o caso gerador do capítulo 4, identificando as partes envolvidas, os problemas atinentes e as soluções cabíveis?
2) Pense e descreva, mentalmente, alternativas para a solução do caso gerador do capítulo 4.

3
Imposto sobre operações de câmbio e de crédito (IOF). O mercado de capitais e o IOF

Roteiro de estudo

Aspectos constitucionais e gerais

O IOF é tributo que incide sobre as operações de crédito, câmbio, seguro ou relativas a títulos e valores mobiliários, e tem previsão no art. 153, V, da Constituição da República Federativa do Brasil de 1988 (CRFB/1988). Trata-se de imposto de natureza eminentemente extrafiscal,[106] e possui como função precípua a de servir de instrumento para execução de políticas de governo, tais como a creditícia, a cambial, a monetária, bem como a regulação da atividade econômica em geral.

Conforme revela a leitura do mencionado dispositivo, o qual será adiante transcrito, apesar da competência à União ser circunscrita a um inciso, o que aponta no sentido da *unidade*

---

[106] Conforme será oportunamente examinado, a natureza extrafiscal do imposto justifica as exceções previstas constitucionalmente aos princípios da legalidade e das anterioridades.

da exação, o imposto contém bases econômicas e hipóteses de incidências distintas, com características próprias, abarcando operações que ocorrem tanto *dentro* quanto *fora* do âmbito do Sistema Financeiro Nacional (adiante apenas SFN).[107]

No Brasil, as leis nº 4.595/1964 e nº 4.728/1965 disciplinam o SFN e o mercado de capitais, respectivamente. O SFN compreende o conjunto de instituições previstas em lei que atuam na captação e distribuição de poupança entre os agentes econômicos superavitários e deficitários, objetivando auxiliar a realização de investimentos e o desenvolvimento econômico do país, além de auxiliar a política monetária governamental.

Ao lado das instituições responsáveis pela disciplina normativa do SFN, as quais formam o subsistema normativo, existem as instituições bancárias e não bancárias que atuam nas operações de intermediação financeira, o que constitui o chamado subsistema de intermediação ou operativo.

O primeiro grupo (*subsistema normativo*) é composto pelo Conselho Monetário Nacional (CMN), Banco Central do Brasil (Bacen), Comissão de Valores Mobiliários (CVM), Banco do Brasil (BB), Banco Nacional de Desenvolvimento Econômico e Social (BNDES), Caixa Econômica Federal (CEF) e Secretaria do Tesouro Nacional (STN).

Por sua vez, o *subsistema de intermediação ou operativo* é constituído pelas instituições financeiras bancárias, instituições financeiras não bancárias, sistema de poupança e empréstimo, instituições auxiliares e instituições não financeiras. O subsistema operativo é usualmente subdividido em quatro mercados distintos:

---

[107] Sistema financeiro é o conjunto de mercados, instituições e processos mediante os quais, e sob uma disciplina jurídica comum, pessoas físicas, empresas e entidades governamentais criam, transferem e extinguem relações jurídicas de conteúdo financeiro (OLIVEIRA, Marcos Cavalcante de. *Moeda, juros e instituições financeiras*. Rio de Janeiro: Forense, 2006. p. 23).

1) *Mercado monetário*. Operações de curto ou curtíssimo prazo com títulos públicos. Atuação das autoridades sobre o nível de liquidez da economia, uma vez que os títulos públicos funcionam como "quase moeda" em vista de sua liquidez.
2) *Mercado de crédito*. Operações bancárias típicas, de captação de recursos e de seu empréstimo, para financiamento do consumo corrente, de bens duráveis e do capital de giro para as empresas.
3) *Mercado cambial*. Operações de compra e venda de moeda estrangeira. Viabilização do fluxo de capitais para dentro e fora do país.
4) *Mercado de capitais (ou de valores mobiliários)*. Operações que não apresentam a natureza de negócios creditícios, mas que visam canalizar recursos para as entidades emissoras mediante emissão pública de valores mobiliários.

As instituições financeiras bancárias, que compreendem os bancos comerciais, os bancos múltiplos e as caixas econômicas, realizam operações de captação de depósitos à vista para, posteriormente, utilizá-los em empréstimos e financiamentos. Essas instituições, em razão do denominado efeito multiplicador da moeda, criam moeda escritural, além de prestar serviços bancários, como desconto de títulos, pagamento de cheques, operações de abertura de crédito, transferência de fundos e ordens de pagamentos, cobranças diversas, recebimento de tributos e tarifas públicas, locação de cofres e custódia de valores, serviços de câmbio, prestação de garantia etc.

Estão compreendidas no grupo das instituições financeiras não bancárias: os bancos de investimentos, bancos de desenvolvimento, sociedades de crédito, financiamento e investimento, sociedades de arrendamento mercantil, cooperativas de crédito, sociedades de crédito imobiliário e sociedades de poupança e empréstimo. Essas instituições financeiras não bancárias são responsáveis pelo desenvolvimento e gerenciamento de ativos não monetários, como ações, debêntures, certificados de depósitos bancários e outros.

Apesar de usualmente designado *imposto sobre operações financeiras*, o IOF[108] não incide apenas no âmbito do SFN em sentido estrito, isto é, incide também em outras operações, ainda que submetidas a regimes jurídicos diversos. É o caso, por exemplo, das operações de financiamento corporativo entre *instituições não financeiras*, em âmbito nacional ou internacional, e que estão compreendidas no escopo de abrangência do tributo. Bem por isso, parte da doutrina entende tratar-se não apenas de um, mas de vários impostos cuja competência é da União.

Nos arts. 63 a 67 do Código Tributário Nacional (CTN) estão fixadas as normas gerais de tributação do IOF, e coube à legislação ordinária[109] disciplinar os variados aspectos desse imposto. O Decreto nº 6.306/2007 regulamenta e consolida as regras de incidência do IOF em seus múltiplos aspectos. Tal regulamento sofre alterações a depender da política monetária, creditícia e cambial do governo.

A competência da União consta no mencionado art. 153, V, da CRFB/1988:

> Art. 153 - Compete à União instituir impostos sobre:
> [...]
> V - operações de crédito, câmbio e seguro, ou relativas a títulos ou valores mobiliários;
> [...]

---

[108] Ver, por exemplo, a Lei nº 5.143/1966 e o Decreto nº 6.306/2007, o qual, em seu art. 1º, estabelece a expressão "IOF" como designadora do imposto: "Art. 1º. O Imposto sobre Operações de Crédito, Câmbio e Seguro ou relativas a Títulos ou Valores Mobiliários – IOF será cobrado de conformidade com o disposto neste Decreto".

[109] Ver Lei nº 5.143/1966, Decreto-Lei nº 1.783/1980, Lei nº 7.766/1989, Lei nº 8.033/1990, Lei nº 8.894/1994, art. 57 da Lei nº 9.532/1997, art. 13 da Lei nº 9.779/1999 etc.

Destaca-se que o termo *operações* constante do art. 153, V, da CRFB/1988 significa "atos regulados pelo direito e capazes de produzir efeitos jurídicos". Nesse contexto, o IOF não onera "*os títulos ou valores mobiliários, o câmbio, o seguro etc.; incidem, sim, sobre os negócios jurídicos que têm esses bens ou valores por objeto, ou ainda, sobre operações a ele relativas*".[110]

Constata-se que o campo de incidência do imposto inclui quatro bases econômicas, quais sejam: (1) *operação de crédito*, (2) *operação de câmbio*, (3) *operações de seguro* e (4) *operações relativas a títulos ou valores mobiliários*.

Assim, embora seja muito utilizada a denominação *imposto sobre operações financeiras* para designar as múltiplas hipóteses de incidências do IOF, tal expressão não esgota todo o escopo de incidência do tributo. Em verdade, o *chamado IOF consolida diversos impostos incidentes sobre bases econômicas distintas, todos com espeque no art. 153, V, da Constituição*. Assim, apesar de facilitar a compreensão da matéria em algumas circunstâncias, ao conferir unidade ao imposto federal, o apelido IOF pode causar dificuldades para a compreensão de aspectos específicos do seu verdadeiro âmbito de incidência.

Nas palavras de Leandro Paulsen e José Eduardo Soares de Melo, o tema ganha os seguintes contornos:

> Entendemos, por isso, tal como já faz parte da doutrina, que se deveria deixar de utilizar a referência simplista e inadequada ao inexistente IOF, passando-se a referir, corretamente, cada um dos impostos que encontram sua base constitucional no art. 153, V da CRFB: o Imposto sobre Operações de Crédito (IOF-Crédito); Imposto sobre Operações de Câmbio (IOF-Câmbio);

---

[110] BARRETO, Aires Fernandino. Natureza jurídica do imposto criado pela MP 160/1980. *Repertório IOB de Jurisprudência*, São Paulo, n. 10, p. 152, maio 1990, grifo no original.

o Imposto sobre Operações de Seguro (IOF-Seguro) e, ainda, o Imposto sobre Operações Relativas a Títulos e Valores Mobiliários (IOF-TVM).[111]

Em que pese a pertinência do argumento, o sentido de *unidade* do imposto federal facilita a análise da matéria em algumas circunstâncias, por exemplo, no que se refere ao estudo do regime constitucional do tributo. Independentemente da hipótese jurídica específica sobre a qual o tributo incida, haverá sempre a mesma disciplina jurídica, em especial quanto aos princípios da legalidade, das anterioridades e imunidades.

Deve-se ter em mente que os problemas práticos atinentes ao IOF devem ser examinados à luz da natureza do caso concreto apresentado, haja vista que há disciplinas comuns e outras não, a depender da situação específica.

No plano constitucional duas questões merecem destaque. A primeira refere-se ao art. 153, § 1º, da CRFB/1988,[112] que flexibiliza parcialmente a legalidade tributária relativamente ao IOF ao facultar ao Poder Executivo a alteração das alíquotas, atendidas as condições e os limites estabelecidos em lei.[113] Ou seja, a alíquota em lei é o teto máximo, podendo ato do Poder Executivo alterá-la, desde que obedecidos os limites. Pelo que se extrai da leitura do dispositivo a Constituição somente permite a alteração de alíquotas, e dentro dos parâmetros legais, mas não autoriza a mudança de base de cálculo.

---

[111] PAULSEN, Leandro; MELO, José Eduardo Soares de. *Impostos federais, estaduais e municipais*. 5. ed. Porto Alegre: Livraria do Advogado, 2010. p. 130.
[112] Dispõe o art. 153, § 1º, da CRFB/1988: "É facultado ao Poder Executivo, atendidas as condições e os limites estabelecidos em lei, alterar as alíquotas dos impostos enumerados nos incisos I, II, IV e V".
[113] A Lei nº 8.894/1994 estabelece, entre outras disciplinas, os limites a que se submete o Poder Executivo na fixação das alíquotas.

Dessa forma, revela-se incompatível com a Constituição o trecho do art. 65, do CTN[114] que autoriza o Poder Executivo, nas condições e nos limites estabelecidos em lei, alterar as bases de cálculo do imposto a fim de ajustá-lo aos objetivos da política monetária.

Por sua vez, *a segunda questão diz respeito ao princípio da anterioridade (tanto a dos exercícios quanto a nonagesimal)* previsto no art. 150, III, "b" e "c", da CRFB/1988. Ante o caráter extrafiscal do tributo, o constituinte excepcionou de forma absoluta a aplicação da anterioridade ao IOF, podendo a norma que o institui ou o torna mais oneroso incidir de imediato, não sendo necessário, portanto, *a teor do § 1º do referido artigo*, aguardar o próximo exercício financeiro, tampouco 90 dias. Com relação às imunidades previstas na Constituição, destaca-se que o IOF é tributo que incide sobre a produção e a circulação e não sobre o patrimônio ou a renda. O CTN estabeleceu a seguinte classificação relativa aos impostos:

❏ impostos sobre o comércio exterior: impostos sobre a importação; imposto sobre a exportação;
❏ impostos sobre o patrimônio e a renda: imposto sobre a propriedade territorial rural; imposto sobre a propriedade predial e territorial urbana; imposto sobre a transmissão de bens imóveis e de direitos a eles relativos; imposto sobre a renda e proventos de qualquer natureza;
❏ imposto sobre produtos industrializados; imposto estadual sobre operações relativas à circulação de mercadorias, serviço de transporte e comunicação; imposto sobre operações de crédito, câmbio e seguro, e sobre operações relativas a títulos

---

[114] O art. 65 do CTN estabelece *verbis*: "Art. 65. O Poder Executivo pode, nas condições e nos limites estabelecidos em lei, alterar as *alíquotas* ou as *bases de cálculo* do imposto, a fim de ajustá-lo aos objetivos da política monetária" (grifos nossos).

e valores mobiliários; imposto sobre serviços de qualquer natureza; impostos especiais; impostos extraordinários.

Assim, em princípio, as imunidades de que tratam as alíneas "a" e "c" do inciso VI do art. 150 da CRFB/1988, por se restringirem aos impostos incidentes sobre o *patrimônio*, *renda* ou *serviços*, não alcançariam o IOF. Porém, o Supremo Tribunal Federal (adiante apenas STF) expressou entendimento diverso no Recurso Extraordinário nº 203.755/ES quando estendeu ao ICMS a aplicação da alínea "c" do inciso VI do art. 150 da Constituição:

> CONSTITUCIONAL. TRIBUTÁRIO. ICMS. IMUNIDADE TRIBUTÁRIA. INSTITUIÇÃO DE EDUCAÇÃO SEM FINS LUCRATIVOS. CRFB, art. 150, VI, "c". I. - Não há [que] invocar, para o fim de ser restringida a aplicação da imunidade, critérios de classificação dos impostos adotados por normas infraconstitucionais, mesmo porque não é adequado distinguir entre bens e patrimônio, dado que este se constitui do conjunto daqueles. O que cumpre perquirir, portanto, é se o bem adquirido, no mercado interno ou externo, integra o patrimônio da entidade abrangida pela imunidade. II. - Precedentes do STF. III. - R. E. não conhecido.[115]

Seguindo a mesma linha de raciocínio, apesar de a classificação do CTN separar impostos sobre o patrimônio e a renda daqueles incidentes sobre a produção e circulação, entende-se

---

[115] BRASIL. Supremo Tribunal Federal. RE nº 203.755/ES. Relator: ministro Carlos Velloso. Segunda Turma. Julgamento em 17 de setembro de 1996. DJ, 8 nov. 1996. No mesmo sentido, ver ementa do acórdão do RE nº 249.980 AgR/RJ: "CONSTITUCIONAL. TRIBUTÁRIO. IMUNIDADE. INSTITUIÇÃO DE ENSINO SEM FINS LUCRATIVOS. IOF SOBRE OPERAÇÕES BANCÁRIAS. CF, ART. 150, VI, C. Hipótese em que o tributo incide sobre o patrimônio das entidades da espécie, representado por ativos financeiros, com ofensa à imunidade prevista no dispositivo em referência. Recurso desprovido".

que a imunidade recíproca do art. 150, VI, "a", da CRFB/1988 impede a cobrança do IOF nas operações financeiras realizadas pela União, estados, Distrito Federal e municípios. O STF já entendeu dessa forma, conforme se extrai do Agravo Regimental em Recurso Extraordinário RE nº 197.940/SC e do Recurso Extraordinário nº 213.059/SC, respectivamente:

> [AgR no RE nº 197.940/SC]
> TRIBUTÁRIO. IOF. APLICAÇÃO DE RECURSOS DA PREFEITURA MUNICIPAL NO MERCADO FINANCEIRO. IMUNIDADE DO ART. 150, VI, A, DA CONSTITUIÇÃO. À ausência de norma vedando as operações financeiras da espécie, é de reconhecer-se estarem elas protegidas pela imunidade do dispositivo constitucional indicado, posto tratar-se, no caso, de rendas produzidas por bens patrimoniais do ente público. Recurso não conhecido.[116]
>
> [AgR no RE nº 213.059/SC]
> IMUNIDADE RECÍPROCA - Imposto sobre Operações Financeiras. A norma da alínea "a" do inciso VI do artigo 150 da Constituição Federal obstaculiza a incidência recíproca de impostos, considerada a União, os Estados, o Distrito Federal e os Municípios. Descabe introduzir no preceito, à mercê de interpretação, exceção não contemplada, distinguindo os ganhos resultantes de operações financeiras.[117]

Por fim, cumpre ressaltar que o STF considera a imunidade tributária usufruída pela Ordem dos Advogados do Brasil (OAB)

---

[116] BRASIL. Supremo Tribunal Federal. AgR no RE nº 197.940/SC. Relator: ministro Marco Aurélio. Segunda Turma. Julgamento em 4 de março de 1997. *DJ*, 25 abr. 1997.
[117] BRASIL. Supremo Tribunal Federal. AgR no RE nº 213.059/SC. Relator: ministro Ilmar Galvão. Primeira Turma. Julgamento em 5 de dezembro de 1997. *DJ*, 27 fev. 1998.

como da espécie recíproca (alínea "a" do inciso VI do art. 150 da CRFB/1988) nos termos do Agravo Regimental em Recurso Extraordinário nº 259.976/RS, cuja ementa preceitua:

> PROCESSUAL CIVIL. AGRAVO REGIMENTAL. CONSTITUCIONAL. TRIBUTÁRIO. IMUNIDADE RECÍPROCA. ORDEM DOS ADVOGADOS DO BRASIL. SECCIONAL. APLICAÇÕES FINANCEIRAS. INVESTIMENTOS. IMPOSTO SOBRE OPERAÇÕES FINANCEIRAS – IOF. ABRANGÊNCIA. DEVER DE FISCALIZAÇÃO. AUSÊNCIA DE PREJUÍZO. PLENA VINCULAÇÃO DA CONSTITUIÇÃO DO CRÉDITO TRIBUTÁRIO. 1. A imunidade tributária gozada pela Ordem dos Advogados do Brasil é da espécie recíproca (art. 150, VI, *a* da Constituição), na medida em que a OAB desempenha atividade própria de Estado (defesa da Constituição, da ordem jurídica do Estado democrático de direito, dos direitos humanos, da justiça social, bem como a seleção e controle disciplinar dos advogados). 2. A imunidade tributária recíproca alcança apenas as finalidades essenciais da entidade protegida. O reconhecimento da imunidade tributária às operações financeiras não impede a autoridade fiscal de examinar a correção do procedimento adotado pela entidade imune. Constatado desvio de finalidade, a autoridade fiscal tem o poder-dever de constituir o crédito tributário e de tomar as demais medidas legais cabíveis. Natureza plenamente vinculada do lançamento tributário, que não admite excesso de carga. Agravo regimental ao qual se nega provimento.[118]

A interpretação do sentido e alcance dos princípios da legalidade, anterioridade e das imunidades revelam unidade do

---

[118] BRASIL. Supremo Tribunal Federal. AgR no RE nº 259.976/RS. Relator: ministro Joaquim Barbosa. Segunda Turma. Julgamento em 23 de março de 2010. *DJe*, 8 maio 2012.

regime jurídico constitucional-tributário do IOF, apesar de suas múltiplas bases econômicas e hipóteses de incidência previstas na Constituição.

No plano constitucional, veja-se a disciplina específica do ouro enquanto definido em lei como ativo financeiro ou instrumento cambial. Sobre o tema, o disposto no art. 153, § 5º, da CRFB/1988:

> § 5º. O ouro, quando definido em lei como ativo financeiro ou instrumento cambial, sujeita-se exclusivamente à incidência do imposto de que trata o inciso V do *caput* deste artigo, devido na operação de origem; a alíquota mínima será de um por cento, assegurada a transferência do montante da arrecadação nos seguintes termos:
> I - trinta por cento para o Estado, o Distrito Federal ou o Território, conforme a origem;
> II - setenta por cento para o Município de origem.

Nesse sentido, a receita obtida com a incidência de IOF sobre o ouro como ativo financeiro ou instrumento cambial é transferida para os estados de onde se extraiu o metal (30%) e para os respectivos municípios (70%). A incidência sob exame se relaciona com a proibição contida na alínea "c" do inciso X do § 2º do art. 155 da CRFB/1988, que estabelece que o ICMS não incidirá sobre o ouro, nas hipóteses definidas no transcrito art. 153, § 5º, também da Constituição. Nesses casos, a operação com o ouro se sujeitará exclusivamente à incidência do imposto sobre operações de crédito, câmbio e seguros ou relativas a títulos e valores mobiliários – IOF.

A Lei nº 7.766/1989 define a forma como o ouro será caracterizado ativo financeiro ou instrumento cambial:

> Art. 1º. O ouro em qualquer estado de pureza, em bruto ou refinado, quando destinado ao mercado financeiro ou à execu-

ção da política cambial do País, em operações realizadas com a interveniência de instituições integrantes do Sistema Financeiro Nacional, na forma e condições autorizadas pelo Banco Central do Brasil, será desde a extração, inclusive, considerado ativo financeiro ou instrumento cambial.

§ 1º. Enquadra-se na definição deste artigo:

I - o ouro envolvido em operações de tratamento, refino, transporte, depósito ou custódia, desde que formalizado compromisso de destiná-lo ao Banco Central do Brasil ou à instituição por ele autorizada;

II - as operações praticadas nas regiões de garimpo onde o ouro é extraído, desde que o ouro na saída do Município tenha o mesmo destino a que se refere o inciso I deste parágrafo.

§ 2º. As negociações com o ouro, ativo financeiro, de que trata este artigo, efetuadas nos pregões das bolsas de valores, de mercadorias, de futuros ou assemelhadas, ou no mercado de balcão com a interveniência de instituição financeira autorizada, serão consideradas *operações financeiras* [grifo nosso].

A teor do art. 3º da Lei nº 7.766/1989, a destinação e as operações a que se refere a norma federal serão comprovadas mediante emissão de notas fiscais ou documentos que as identifiquem.

Da leitura, a *contrario sensu*, do dispositivo que determina a não incidência do ICMS sobre o ouro enquanto ativo financeiro ou instrumento de política cambial (alínea "c" do inciso X do § 2º do art. 155 da CRFB/1988) resulta a conclusão de que, não caracterizado o ouro como ativo financeiro ou instrumento cambial, retomará sua condição natural de mercadoria, i.e., de coisa fungível destinada à mercancia. Com isso, afastada a regra, as circulações promovidas com o ouro atrairão a incidência do ICMS.

Sobre o ouro, tanto o art. 3º da Lei nº 7.766/1989 quanto o § 2º do art. 30 da Lei nº 2.657/1996, que institui o ICMS no estado do Rio de Janeiro, estabelecem obrigações acessórias que têm por fim a verificação da exata operação praticada, de maneira a garantir a correta incidência tributária do ICMS.

Conforme já salientado, a diferenciação entre a incidência do *ouro mercadoria* e o *ouro como ativo financeiro ou instrumento cambial* será realizada novamente em capítulo do curso específico sobre ICMS.

Sujeição ativa e passiva

Sujeito ativo do imposto, nas operações de crédito, câmbio, seguro ou relativas a títulos ou valores mobiliários, é a União Federal, sendo o tributo administrado pela Secretaria da Receita Federal do Brasil.

Relativamente à sujeição passiva, importante analisar tanto os contribuintes (pessoas físicas e jurídicas tomadoras do crédito, nos casos de operações de "faturização", o contribuinte é o alienante do faturamento) quanto os responsáveis tributários (instituições financeiras que efetuarem operações de crédito, empresas de *factoring* adquirentes do direito creditório e pessoa jurídica que conceder o crédito, nas operações de mútuo de recursos financeiros), uma vez que frequentemente se observa o fenômeno da substituição tributária para cobrança do imposto.

O art. 66 do CTN trata do contribuinte nos seguintes termos: "Art. 66. Contribuinte do imposto é qualquer das partes na operação tributada, como dispuser a lei". Assim, no caso do IOF, a sujeição passiva dependerá de cada situação concreta relacionada à hipótese de incidência do tributo.

Hipóteses de incidência e bases de cálculo do IOF

Dispõem os arts. 63 e 64 do CTN acerca das hipóteses de incidência e das respectivas bases de cálculo nos seguintes termos (grifos nossos).

Quadro 4
IOF: HIPÓTESES DE INCIDÊNCIA E BASES DE CÁLCULO

Hipóteses de incidência	Bases de cálculo
Art. 63. O imposto, de competência da União, sobre operações de crédito, câmbio e seguro, e sobre operações relativas a títulos e valores mobiliários tem como *fato gerador*:	Art. 64. A *base de cálculo* do imposto é:
I - quanto às *operações de crédito*, a sua efetivação pela entrega total ou parcial do montante ou do valor que constitua o objeto da obrigação, ou sua colocação à disposição do interessado;	I - quanto às *operações de crédito*, o montante da obrigação, compreendendo o principal e os juros;
II - quanto às *operações de câmbio*, a sua efetivação pela entrega de moeda nacional ou estrangeira, ou de documento que a represente, ou sua colocação à disposição do interessado em montante equivalente à moeda estrangeira ou nacional entregue ou posta à disposição por este;	II - quanto às *operações de câmbio*, o respectivo montante em moeda nacional, recebido, entregue ou posto à disposição;
III - quanto às *operações de seguro*, a sua efetivação pela *emissão da apólice* ou do documento equivalente, ou *recebimento do prêmio*, na forma da lei aplicável;	III - quanto às *operações de seguro*, o montante do prêmio;
IV - quanto às *operações relativas a títulos e valores mobiliários*, a emissão, transmissão, pagamento ou resgate destes, na forma da lei aplicável.	IV - quanto às *operações relativas a títulos e valores mobiliários*: a) na emissão, o valor nominal mais o ágio, se houver; b) na transmissão, o preço ou o valor nominal, ou o valor da cotação em Bolsa, como determinar a lei; c) no pagamento ou resgate, o preço.
Parágrafo único. A incidência definida no inciso I *exclui* a definida no inciso IV, e reciprocamente, quanto à *emissão*, ao *pagamento* ou *resgate* do título representativo de uma mesma operação de crédito.	

IOF-crédito[119]

É necessário atentar para a natureza jurídica da operação realizada. Conforme já destacado, o IOF é tido como aplicável a qualquer operação realizada por instituição financeira, o que nem sempre é verdadeiro, uma vez que as operações jurídicas que revelam o fato gerador do IOF estão especificamente descritas, tanto na Constituição quanto no CTN. Nesse sentido, assevera Sacha Calmon:

> Há uma tendência para se considerar sujeitado ao IOF qualquer tipo de negócio jurídico feito por instituições financeiras fiscalizadas pelo Banco Central, o que é uma erronia grave, pois o imposto é sobre as operações descritas no CTN, caso contrário seria imposto sobre as atividades das instituições financeiras.
> Relativamente ao IOF existe a mesma complacência doutrinária já existente a respeito do ISS, cuja lista aparenta dons mágicos. Tudo o que nela for posto passa a ser serviço, mesmo que não seja serviço...[120]

Ao fazer referência à Constituição anterior, Geraldo Ataliba sustenta que as operações referidas pelo art. 23, II, da CF/1988 configuram atos jurídicos, relevantes para o direito. Para o autor, essas operações são como atos regulados a que o direito atribui efeitos jurídicos, sendo tidos como negócios jurídicos propriamente ditos.

Ressalva feita, é importante buscar a definição de operações de crédito na fonte, ou seja, no direito comercial. Para Carvalho de Mendonça, é de crédito a operação

---

[119] Os arts. 3º a 10 do Riof (Decreto nº 6.306/2007) disciplinam o IOF-crédito.
[120] COÊLHO, Sacha Calmon Navarro. *Curso de direito tributário brasileiro*. 19. ed. Rio de Janeiro: Forense, 2006. p. 513.

mediante a qual alguém efetua uma prestação presente contra a promessa de uma prestação futura. [...]

Operação de crédito, por excelência, é a em que a prestação se faz e a contraprestação se promete em dinheiro. O mútuo de dinheiro é a manifestação típica do crédito na sociedade moderna.[121]

Assim, percebe-se que a lei instituidora do IOF (Lei nº 5.143/1966) não divergiu do direito comercial ao determinar que o IOF incidisse sobre *operações de empréstimo sob qualquer modalidade*, aí compreendidas *as operações de abertura de crédito* (modalidade) e as *operações de desconto de títulos*.

O Riof (Decreto nº 6.306/2007), em seu art. 3º, preceitua:

> § 3º. A expressão "operações de crédito" compreende as operações de:
> I - empréstimo sob qualquer modalidade, inclusive abertura de crédito e desconto de títulos (Decreto-Lei nº 1.783, de 18 de abril de 1980, art. 1º, inciso I);
> II - alienação, à empresa que exercer as atividades de factoring, de direitos creditórios resultantes de vendas a prazo (Lei nº 9.532, de 1997, art. 58);
> III - mútuo de recursos financeiros entre pessoas jurídicas ou entre pessoa jurídica e pessoa física (Lei nº 9.779, de 1999, art. 13).

De acordo com o CTN (art. 63 e seus incisos) e com o art. 3º, § 1º, do Decreto nº 6.306/2007 (a seguir transcrito), o fato gerador do IOF-crédito ocorre:

---

[121] MENDONÇA, J. X. Carvalho de. *Tratado de direito comercial brasileiro*. [S.l.]:[s.n.], [s.d.]. p. 51.

I - na data da efetiva entrega, total ou parcial, do valor que constitua o objeto da obrigação ou sua colocação à disposição do interessado;
II - no momento da liberação de cada uma das parcelas, nas hipóteses de crédito sujeito contratualmente a liberação parcelada;
III - na data do adiantamento ao depositante, assim considerado o saldo descoberto em conta de depósito;
IV - na data do registro efetuado em conta devedora por crédito liquidado no exterior;
V - na data em que se verificar excesso de limite, assim entendido o saldo a descoberto ocorrido em operação de empréstimo ou financiamento, inclusive sob a forma de abertura de crédito;
VI - na data da novação, composição, consolidação, confissão de dívida e dos negócios assemelhados (observado o disposto nos §§ 7º e 10 do art. 7º do RIOF);
VII - na data do lançamento contábil, em relação às operações e às transferências internas que não tenham classificação específica, mas que, pela sua natureza, se enquadrem como operações de crédito.

Os limites à incidência do IOF são:

- quando o crédito é representado por título que o represente, incidirá o IOF sobre as operações com títulos e valores mobiliários (*e.g.* debêntures, nota promissória);
- não incide IOF sobre operações de crédito externo, pois a mesma está sujeita a incidência do IOF sobre operações de câmbio;
- não se submetem à incidência do IOF as

> operações realizadas por órgãos da administração direta da União, Estados, do Distrito Federal e dos Municípios e, quando vinculados às finalidades essenciais das respectivas entidades, as operações realizadas por:

I - autarquias e fundações instituídas e mantidas pelo Poder Público;

II - templo de qualquer culto;

III - partidos políticos, entidades sindicais de trabalhadores e instituições de educação e de assistência social, sem fins lucrativos, atendidos os requisitos da lei [Decreto nº 6.306/2007, art. 2º, § 3º].

A teor do parágrafo único do art. 64 do CTN, na hipótese de o crédito ser representado por um título, não haverá incidência cumulativa do IOF-crédito com o IOF-TVM, mas apenas incidência do primeiro. Quando se tratar de título ou valor mobiliário, então prevalecerá o segundo.

Em suma, o *IOF-crédito* tem como fato gerador a entrega ou colocação do montante à disposição do interessado, e considera-se valor da operação o montante do "principal que constitua o objeto da obrigação, ou sua colocação à disposição do interessado", nos termos do art. 2º, I, da Lei nº 8.894/1994.

O Riof estabelece, no art. 2º, que incide o imposto nas:

I - operações de crédito realizadas:

a) por instituições financeiras (Lei nº 5.143, de 20 de outubro de 1966, art. 1º);

b) por empresas que exercem as atividades de prestação cumulativa e contínua de serviços de assessoria creditícia, mercadológica, gestão de crédito, seleção de riscos, administração de contas a pagar e a receber, compra de direitos creditórios resultantes de vendas mercantis a prazo ou de prestação de serviços (*factoring*) (Lei nº 9.249, de 26 de dezembro de 1995, art. 15, § 1º, inciso III, alínea "d", e Lei nº 9.532, de 10 de dezembro de 1997, art. 58); e

c) entre pessoas jurídicas ou entre pessoa jurídica e pessoa física (Lei nº 9.779, de 19 de janeiro de 1999, art. 13).

Ao instituir o IOF-crédito, o art. 3º da Lei nº 8.894/1994 atribuiu a condição de contribuinte aos tomadores de crédito. Por outro lado, o regulamento do IOF (Decreto nº 6.306/2007) definiu, em seus arts. 4º e 5º, os responsáveis pela cobrança do IOF e pelo seu recolhimento ao Tesouro Nacional.[122]

A base de cálculo do IOF-crédito, na letra do art. 64, I, do CTN, será "*o montante da obrigação, compreendendo o principal e juros*" (grifo nosso). De acordo com a sistemática fixada no Riof, a base de cálculo específica varia conforme o valor principal da operação de crédito seja definido ou indefinido.

Como regra geral, a Lei nº 8.894/1994 estabelece que a base de cálculo é o valor das operações de crédito, e a alíquota máxima é de 1,5% ao dia.[123] Porém, a regra, na prática, ocorre de forma que a alíquota fica reduzida a 0,0041% ao dia no caso de pessoa jurídica, e 0,0082% para pessoa física. Sobre a alíquota final é acrescido, ainda, 0,38% (alíquota adicional).[124]

A base de cálculo do IOF foi detalhada pelo legislador ordinário, que procurou prever as situações que normalmente ocorrem no mercado. Existem, entretanto, diversas reduções de alíquotas e isenções específicas, a depender da natureza da operação ou das partes envolvidas.

---

[122] Decreto nº 6.306/2007: "Art. 4º. Contribuintes do IOF são as pessoas físicas ou jurídicas tomadoras de crédito (Lei nº 8.894, de 1994, art. 3º, inciso I e Lei nº 9.532, de 1997, art. 58). Parágrafo único. No caso de alienação de direitos creditórios resultantes de vendas a prazo a empresas de factoring, contribuinte é o alienante pessoa física ou jurídica. Art. 5º. São responsáveis pela cobrança do IOF e pelo seu recolhimento ao Tesouro Nacional: I - as instituições financeiras que efetuarem operações de crédito (Decreto-Lei nº 1.783, de 1980. art. 3º, inciso I); II - as empresas de factoring adquirentes do direito creditório, nas hipóteses da alínea 'b' do inciso I do art. 2º (Lei nº 9.532, de 1997. art. 58, § 1º); III - a pessoa jurídica que conceder o crédito, nas operações de crédito correspondentes a mútuo de recursos financeiros (Lei nº 9.779, de 1999, art. 13, § 2º)".

[123] Lei nº 8.894/1994: "Art. 1º. O Imposto sobre Operações de Crédito, Câmbio e Seguro, ou relativas a Títulos e Valores Mobiliários será cobrado à alíquota máxima de 1,5% ao dia, sobre o valor das operações de crédito e relativas a títulos e valores mobiliários".

[124] Antes das alterações trazidas pelo Decreto nº 8.392, de 20 de janeiro de 2015, tanto para pessoa física quanto para pessoa jurídica a limitação era de 0,0041%.

O pagamento do IOF-crédito deve ser realizado pela pessoa jurídica que conceder o crédito, qualificada como instituição financeira ou não, sendo os prazos fixados em razão das características da operação.

A seguir, ainda dentro do âmbito do IOF-crédito, serão examinadas as incidências sobre as operações de crédito pessoal, de crédito rotativo e de *factoring*.

O IOF-crédito e as operações de crédito pessoal

O crédito pessoal é a modalidade mais básica de empréstimo, por meio do qual a instituição financeira disponibiliza valores em nome do tomador, com a amortização do saldo devedor ocorrendo em parcelas e juros predeterminados no contrato de abertura de crédito pessoal.

A base de cálculo e a alíquota para o IOF-crédito ocorrem da seguinte maneira:

1) *Empréstimos sob qualquer modalidade:*
   a) quando não ficar definido o valor do principal, a base de cálculo será o somatório dos saldos devedores diários, apurado no último dia de cada mês (nesse caso, os encargos integram a base de cálculo do tributo);
   b) quando ficar definido o valor do principal a ser utilizado, a base de cálculo será o principal entregue ou colocado à disposição, ou cada uma das parcelas (nesse caso, o IOF não pode ser maior do que 365 vezes a alíquota – atualmente seria 1,5%).

   No caso de operação de crédito não liquidada no vencimento, cuja tributação não tenha atingido o limite de 365 vezes a alíquota, a incidência de IOF-crédito ficará suspensa entre a data do vencimento original e a data da liquidação ou repactuação da data de vencimento. Nesse caso, haverá

IOF-crédito complementar, referente ao período em que a exigência ficou suspensa, até o mesmo limite de 365 vezes a alíquota;

2) *Operação de desconto de títulos ou direito creditório* (inclusive *factoring*). A base de cálculo será o valor líquido obtido, entendendo-se, como tal, o valor nominal do título ou direito creditório, deduzidos os juros cobrados antecipadamente. Esta operação inclui adiantamento de cheque em depósito. Caso o cheque retorne sem fundos, a base de cálculo do IOF-crédito "será igual ao valor a descoberto, verificado na respectiva conta, pelo seu débito, na forma estabelecida para o adiantamento a depositante" (art. 7º, § 6º, do Riof).

3) *Adiantamento a depositante*. A base de cálculo do IOF-crédito será o somatório dos saldos devedores diários, apurado no último dia de cada mês. Nesse caso todos os encargos integram a base de cálculo.

4) *Empréstimos (inclusive financiamento) sujeitos à liberação de recursos em parcelas*. A base de cálculo do IOF-crédito será o valor do principal de cada liberação, limitado a 365 vezes a alíquota.

5) Excessos de limite também estão sujeitos ao IOF-crédito, mesmo que o contrato esteja vencido:
   a) quando não ficar expressamente definido o valor do principal, a base de cálculo será o valor dos excessos computados no somatório dos saldos devedores diários, apurado no último dia de cada mês (nesse caso os encargos integram a base de cálculo);
   b) quando ficar expressamente definido o valor do principal, a base de cálculo será o valor de cada excesso apurado diariamente, resultante de novos valores entregues ao interessado, não se considerando os débitos de encargos. Nesse caso o IOF está limitado a 365 vezes a alíquota.

Ainda quanto à base de cálculo, em atenção ao que dispõem os §§ 1º a 19 e seus incisos do art. 7º do Decreto nº 6.306/2007, vejamos:

> § 1º. O IOF cuja base de cálculo não seja apurada por somatório de saldos devedores diários, não excederá o valor resultante da aplicação da alíquota diária a cada valor de principal prevista para a operação, multiplicada por 365 dias, acrescida da alíquota adicional de trinta e oito centésimos por cento de que trata o § 15 do art. 7º do Decreto nº 6.306/2007, ainda que a operação seja de pagamento parcelado.
>
> § 2º. No caso de operação de crédito não liquidada no vencimento, e cuja tributação não tenha atingido a limitação de 365 vezes a alíquota, a exigência do IOF ficará suspensa entre a data do vencimento original da obrigação e a da sua liquidação ou a data em que ocorrer qualquer das hipóteses previstas no § 7º [quais sejam prorrogação, renovação, novação, composição, consolidação, confissão de dívida e negócios assemelhados].
>
> § 3º. Na hipótese do § 2º [no caso de operação de crédito não liquidada no vencimento], será cobrado o IOF complementar relativamente ao período em que ficou suspensa a exigência, mediante a aplicação da mesma alíquota sobre o valor não liquidado da obrigação vencida, até atingir a limitação prevista no § 1º [de 365 vezes a alíquota].
>
> § 4º. O valor líquido a que se refere o inciso II deste artigo [art. 7º do Decreto nº 6.306/2007][125] corresponde ao valor nominal do título ou do direito creditório, deduzidos os juros cobrados antecipadamente.

---

[125] Inciso II: "na operação de desconto, inclusive na de alienação a empresas de factoring de direitos creditórios resultantes de vendas a prazo, a base de cálculo é o valor líquido obtido: a) mutuário pessoa jurídica: 0,0041% ao dia; b) mutuário pessoa física: 0,0082% ao dia (Redação dada pelo Decreto nº 8.392, de 20 de janeiro de 2015)".

§ 5º. No caso de adiantamento concedido sobre cheque em depósito, a tributação será feita na forma estabelecida para desconto de títulos, observado o disposto no inciso XXII do art. 8º.[126]

§ 6º. No caso de cheque admitido em depósito e devolvido por insuficiência de fundos, a base de cálculo do IOF [-crédito] será igual ao valor a descoberto, verificado na respectiva conta, pelo seu débito, na forma estabelecida para o adiantamento a depositante.

§ 7º. Na prorrogação, renovação, novação, composição, consolidação, confissão de dívida e negócios assemelhados, de operação de crédito em que não haja substituição de devedor, a base de cálculo do IOF será o valor não liquidado da operação anteriormente tributada, sendo essa tributação considerada complementar à anteriormente feita, aplicando-se a alíquota em vigor à época da operação inicial.

§ 8º. No caso do § 7º, se a base de cálculo original for o somatório mensal dos saldos devedores diários, a base de cálculo será o valor renegociado na operação, com exclusão da parte amortizada na data do negócio.

§ 9º. Sem exclusão da cobrança do IOF [-crédito] prevista no § 7º, havendo entrega ou colocação de novos valores à disposição do interessado, esses constituirão nova base de cálculo.

§ 10. No caso de novação, composição, consolidação, confissão de dívida e negócios assemelhados de operação de crédito em que haja substituição de devedor, a base de cálculo do IOF será o valor renegociado na operação.

§ 11. Nos casos dos §§ 8º, 9º e 10, a alíquota aplicável é a que estiver em vigor na data da novação, composição, consolidação, confissão de dívida ou negócio assemelhado.

---

[126] Inciso XXII: "relativa a adiantamento concedido sobre o cheque em depósito, remetido à compensação nos prazos e condições fixados pelo Banco Central do Brasil".

§ 12. Os encargos integram a base de cálculo quando o IOF for apurado pelo somatório dos saldos devedores diários.

§ 13. Nas operações de crédito decorrentes de registros ou lançamentos contábeis ou sem classificação específica, mas que, pela sua natureza, importem colocação ou entrega de recursos à disposição de terceiros, seja o mutuário pessoa física ou jurídica, as alíquotas serão aplicadas na forma dos incisos I a VI do art. 7º do Decreto nº 6.306/2007, conforme o caso.

§ 14. Nas operações de crédito contratadas por prazo indeterminado e definido o valor do principal a ser utilizado pelo mutuário, aplicar-se-á a alíquota diária prevista para a operação e a base de cálculo será o valor do principal multiplicado por trezentos e sessenta e cinco.

§ 15. Sem prejuízo do disposto no *caput* [do art. 7º do Decreto nº 6.306/2007], o IOF incide sobre as operações de crédito à alíquota adicional de trinta e oito centésimos por cento, independentemente do prazo da operação, seja o mutuário pessoa física ou pessoa jurídica.

§ 16. Nas hipóteses de que tratam a alínea "a" do inciso I [quando não ficar definido o valor do principal a ser utilizado pelo mutuário], o inciso III [no adiantamento a depositante], e a alínea "a" do inciso V [quando não ficar expressamente definido o valor do principal a ser utilizado], o IOF incidirá sobre o somatório mensal dos acréscimos diários dos saldos devedores, à alíquota adicional de que trata o § 15.

§ 17. Nas negociações de que trata o § 7º [prorrogação, renovação, novação, composição, consolidação, confissão de dívida e negócios assemelhados] não se aplica a alíquota adicional de que trata o § 15, exceto se houver entrega ou colocação de novos valores à disposição do interessado.

§ 18. No caso de operação de crédito cuja base de cálculo seja apurada por somatório dos saldos devedores diários, constatada a inadimplência do tomador, a cobrança do IOF apurado a partir do último dia do mês subsequente ao da constatação de inadimplência dar-se-á na data da liquidação total ou parcial da operação ou da ocorrência de qualquer das hipóteses previstas no § 7º [prorrogação, renovação, novação, composição, consolidação, confissão de dívida e negócios assemelhados.]

§ 19. Na hipótese do § 18, por ocasião da liquidação total ou parcial da operação ou da ocorrência de qualquer das hipóteses previstas no § 7º [prorrogação, renovação, novação, composição, consolidação, confissão de dívida e negócios assemelhados], o IOF será cobrado mediante a aplicação das alíquotas previstas nos itens 1 ou 2 da alínea "a" do inciso I do *caput* [do art. 7º do Decreto nº 6.306/2007],[127] vigentes na data de ocorrência de cada saldo devedor diário, até atingir a limitação de trezentos e sessenta e cinco dias.

Casos especiais

Existem diversas situações em que a alíquota do IOF-crédito é zero (art. 8º do Riof), ou há isenção (art. 9º do Riof). Outras situações em que a alíquota foi reduzida a zero. No entanto, após o término da CPMF, algumas dessas situações passaram a estar sujeitas à alíquota de 0,38%. Já as isenções são basicamente as mesmas para todos os IOFs, salvo um ou outro aspecto específico.

---

[127] Decreto nº 6.306/2007: "Art. 7º. A base de cálculo e respectiva alíquota reduzida do IOF são (Lei nº 8.894, de 1994, art. 1º, parágrafo único, e Lei nº 5.172, de 1966, art. 64, inciso I): I - na operação de empréstimo, sob qualquer modalidade, inclusive abertura de crédito: a) quando não ficar definido o valor do principal a ser utilizado pelo mutuário, inclusive por estar contratualmente prevista a reutilização do crédito, até o termo final da operação, a base de cálculo é o somatório dos saldos devedores diários apurado no último dia de cada mês, inclusive na prorrogação ou renovação: 1. mutuário pessoa jurídica: 0,0041%; 2. mutuário pessoa física: 0,0082% (Redação dada pelo Decreto nº 8.392, de 20 de janeiro de 2015)".

É importante apontar que, de acordo com a decisão proferida pelo ministro Sidnei Beneti, do STJ, há a possibilidade de discutir judicialmente a incidência de IOF sobre o crédito pessoal, mas somente quando essa exação se mostrar excessiva ou abusiva, nos seguintes termos:

> AGRAVO EM RECURSO ESPECIAL N° 62.556-RS (2011/0175978-0)
> RELATOR: MINISTRO SIDNEI BENETI
> AGRAVANTE: BV FINANCEIRA S/A CRÉDITO FINANCIAMENTO E INVESTIMENTO
> ADVOGADO: ZAIRO FRANCISCO CASTALDELLO E OUTRO(S)
> AGRAVADO: JOÃO FRANCISCO CARVALHO
> ADVOGADO: RUY NERI ROBALOS DA ROSA E OUTRO(S)
> DECISÃO
> [...]
> IOF. COBRANÇA. POSSIBILIDADE.
> Tratando-se de tributo com previsão legal de incidência na espécie, bem como não comprovado eventual erro no seu cálculo ou abusividade ou onerosidade excessivas, possível a cobrança, a fim de remunerar os serviços prestados pelo banco.[128]

O IOF-crédito e as operações de crédito rotativo

O crédito rotativo é poderosa ferramenta de auxílio ao poder consumerista, na medida em que possibilita à pessoa física expandir sua capacidade de consumo sem auferir nova renda. Na mesma linha, o crédito rotativo também auxilia a pessoa

---

[128] BRASIL. Superior Tribunal de Justiça. AREsp nº 62.556/RS. Relator: ministro Sidnei Beneti. Julgamento em 25 de outubro de 2011. *DJe*, 4 nov. 2011.

jurídica a obter fonte permanente de financiamento, inclusive para capital de giro. No Brasil, o crédito rotativo pode ser melhor ilustrado nas figuras do cheque especial e do pagamento mínimo de cartões de crédito.

Considera-se crédito rotativo aquele recurso financeiro posto à disposição de outrem para financiamento dos gastos-fins desse tomador, com a amortização via pagamento de juros mensais e/ou prestações, calculados a partir do valor de utilização dos limites previamente aprovados pelas instituições financeiras.

Atualmente, após as alterações trazidas pelo Decreto nº 8.392, de 20 de janeiro de 2015, a alíquota incidente sobre as operações de crédito pessoal é de 0,0041% para pessoa jurídica e de 0,0082% para pessoa física, sobre o somatório dos saldos devedores diários apurado no último dia de cada mês, inclusive na prorrogação ou renovação, como disposto no Riof:

> Art. 7º. A base de cálculo e respectiva alíquota reduzida do IOF são:
> I - na operação de empréstimo, sob qualquer modalidade, inclusive abertura de crédito:
> a) quando *não ficar definido o valor do principal a ser utilizado pelo mutuário*, inclusive por estar contratualmente prevista a reutilização do crédito, até o termo final da operação, a base de cálculo é o somatório dos saldos devedores diários apurado no último dia de cada mês, inclusive na prorrogação ou renovação:
> 1. mutuário pessoa jurídica: 0,0041%;
> 2. mutuário pessoa física: 0,0082%; (redação dada pelo Decreto nº 8.392, de 20 de janeiro de 2015) [grifo nosso].

Importante alteração ocorreu em 23 de maio de 2011, quando foi promulgado o Decreto nº 7.487, que deu nova redação aos §§ 18 e 19 do art. 7º do Riof, para limitar a cobrança da alíquota incidente a um ano, quando houver inadimplência:

§ 18. No caso de operação de crédito cuja base de cálculo seja apurada por somatório dos saldos devedores diários, constatada a inadimplência do tomador, a cobrança do IOF apurado a partir do último dia do mês subsequente ao da constatação de inadimplência dar-se-á na data da liquidação total ou parcial da operação ou da ocorrência de qualquer das hipóteses previstas no § 7º.

§ 19. Na hipótese do § 18, por ocasião da liquidação total ou parcial da operação ou da ocorrência de qualquer das hipóteses previstas no § 7º, o IOF será cobrado mediante a aplicação das alíquotas previstas nos itens 1 ou 2 da alínea "a" do inciso I do *caput*, vigentes na data de ocorrência de cada saldo devedor diário, *até atingir a limitação de trezentos e sessenta e cinco dias* [grifo nosso].

O IOF-crédito e as operações de *factoring*

Entende-se por *factoring*, também conhecido como fomento mercantil, a operação financeira por meio da qual uma empresa vende seus direitos creditórios – que seriam pagos a prazo – a terceiros, que os compram com deságio. Seu objetivo é a prestação de serviços e o fornecimento de recursos para viabilizar a cadeia produtiva, principalmente no caso de pequenas e médias empresas.

O *factoring* está expressamente previsto como fato gerador do IOF no Decreto nº 6.303/2007 (Riof), mais precisamente no art. 2º, I, "b":

Art. 2º. O IOF incide sobre:
I - operações de crédito realizadas:
a) por instituições financeiras (Lei nº 5.143, de 20 de outubro de 1966, art. 1º);
b) por empresas que exercem as atividades de prestação cumulativa e contínua de serviços de assessoria creditícia, mercadológi-

ca, gestão de crédito, seleção de riscos, administração de contas a pagar e a receber, *compra de direitos creditórios resultantes de vendas mercantis a prazo ou de prestação de serviços (factoring)* [grifo nosso].

Com a edição da Lei nº 9.532/1997 foi estendida a incidência do IOF às pessoas físicas e jurídicas que praticarem o fomento mercantil. Dessa maneira, a referida lei permitiu que *instituições não financeiras* pudessem alienar direitos creditórios decorrentes de venda a prazo para empresas que se dedicam ao *factoring*.

À época, houve forte insurgência contra a mencionada lei, a qual foi afastada liminarmente pelo STF, após pronunciamento no exame do pedido de medida cautelar da ADI nº 1.763/DF, em ementa que contém a seguinte redação:

> IOF: incidência sobre operações de factoring (L. 9.532/1997, art. 58): aparente constitucionalidade que desautoriza a medida cautelar. O âmbito constitucional de incidência possível do IOF sobre operações de crédito não se restringe às praticadas por instituições financeiras, de tal modo que, à primeira vista, a lei questionada poderia estendê-la às operações de factoring, quando impliquem financiamento (factoring com direito de regresso ou com adiantamento do valor do crédito vincendo – conventional factoring); quando, ao contrário, não contenha operação de crédito, o factoring, de qualquer modo, parece substantivar negócio relativo a títulos e valores mobiliários, igualmente susceptível de ser submetido por lei à incidência tributária questionada.[129]

---

[129] BRASIL. Supremo Tribunal Federal. ADI-MC nº 1.763/DF. Relator: ministro Sepúlveda Pertence. Tribunal Pleno. Julgamento em 20 de agosto de 1998. *DJ*, 26 set. 2003.

Dessa forma, pelo menos até o julgamento final da citada ADI, o STF autorizou a extensão da incidência do IOF às operações de crédito em que figurem pessoas físicas e jurídicas não enquadradas como instituições financeiras. Nessa linha também já apontou o Superior Tribunal de Justiça (adiante apenas STJ), ao proferir decisão no Recurso Especial nº 1.222.550/RS, cuja ementa está assim redigida:

> PROCESSUAL CIVIL. CONSTITUCIONAL. TRIBUTÁRIO. IOF. MÚTUO DE RECURSOS FINANCEIROS ENTRE PESSOAS JURÍDICAS. ART. 13, DA LEI N. 9.779/99. 1. A compreensão de que o IOF pode incidir também sobre operações de crédito que não tenham sido praticadas exclusivamente por instituições financeiras parte de uma interpretação do texto constitucional (art. 153, V, da CF/88) que leva inclusive em consideração o decidido pelo STF na ADI-MC 1.763/DF, rel. Min. Sepúlveda Pertence, DJ 26.09.2003. Sendo assim, não há como conhecer do recurso especial quanto ao tema. Seguem precedentes nesse sentido por ambas as Turmas de Direito Público desta Casa: AgRg no REsp 1247145/RS, Segunda Turma, Rel. Min. Humberto Martins, julgado em 16.06.2011; AgRg no Ag 457209/MG, Primeira Turma, Rel. Min. Luiz Fux, julgado em 06.03.2003. 2. Recurso especial não conhecido.[130]

Dessa forma, por ora parece que a jurisprudência das cortes superiores encontra-se em sintonia.

No que concerne à sujeição passiva na hipótese de *factoring*, considera-se contribuinte de IOF a pessoa física ou jurídica que alienar direito creditório resultante de venda a prazo (art. 4º,

---

[130] BRASIL. Superior Tribunal de Justiça. REsp nº 1.222.550/RS. Relator: ministro Mauro Campbell Marques. Segunda Turma. Julgamento em 27 de setembro de 2011. *DJe*, 8 jun. 2012.

parágrafo único, do Riof). Nessa hipótese, são responsáveis pela cobrança de IOF e pelo seu recolhimento ao Tesouro Nacional as empresas de fomento mercantil adquirentes do mencionado direito (art. 5º, II, do Riof).

A alíquota incidente sobre as operações de *factoring* é de 0,0041% para pessoa jurídica e de 0,0082% para pessoa física, incidente sobre valor líquido obtido (art. 7º, II, "a" e "b", do Riof). Além disso, sobre o IOF incide alíquota adicional de 0,38%, independentemente do prazo da operação, seja o mutuário pessoa física ou pessoa jurídica.

IOF-câmbio[131]

A conversão de moeda brasileira em moeda estrangeira, bem como a troca de moeda alienígena por moeda nacional[132] submetem-se ao IOF-câmbio.

A Lei nº 4.131, de 3 de setembro de 1962, disciplina a aplicação do capital estrangeiro e as remessas de valores para o exterior, havendo, no entanto, normatização específica para o investidor estrangeiro qualificado nos termos da Resolução nº 2.689/2000 do CMN.[133] Atualmente, a Resolução Bacen nº 3.569/2008[134] regula o mercado de câmbio brasileiro, o qual compreende as operações de compra e venda de moeda estrangeira e as operações com ouro instrumento cambial, realizadas com instituições autorizadas pelo Bacen a operar no mercado de câmbio, bem como as operações em moeda nacional entre

---

[131] Os arts. 10 a 17 do Riof (Decreto nº 6.306/2007) disciplinam o IOF-câmbio.
[132] O Bacen autoriza e divulga quais são as instituições autorizadas a operar com câmbio no país. Ver: <www.bcb.gov.br/?IAMCIFO>. Acesso em: 26 dez. 2015.
[133] A distinção tem relevância, em especial, para os efeitos da legislação do imposto de renda aplicável ao investidor estrangeiro.
[134] Disponível em: <www.bcb.gov.br/pre/normativos/res/2008/pdf/res_3568_v9_L.pdf>. Acesso em: 26 dez. 2015.

residentes, domiciliados ou com sede no país e residentes, domiciliados ou com sede no exterior. Vejamos:

> Incluem-se também no mercado de câmbio brasileiro as operações relativas aos recebimentos, pagamentos e transferências do e para o exterior mediante a utilização de cartões de uso internacional e de empresas facilitadoras de pagamentos internacionais, bem como as operações referentes às transferências financeiras postais internacionais, inclusive mediante vales postais e reembolsos postais internacionais [Resolução Bacen nº 3.568/2008 com redação dada pela Resolução Bacen nº 3.569/2008].

Saliente-se que somente as instituições autorizadas pelo Bacen[135] podem realizar operações no mercado de câmbio.

O fato gerador do IOF [-câmbio] é a entrega de moeda nacional ou estrangeira, ou de documento que a represente, ou sua colocação à disposição do interessado, em montante equivalente à moeda estrangeira ou nacional entregue ou posta à disposição deste [art. 11 do Riof].

Na verdade, o fato gerador ocorre, efetivamente, no ato da liquidação da operação de câmbio, momento a partir do qual o imposto pode ser cobrado.

Nos termos do art. 6º da Lei nº 8.894/1994, "são contribuintes do IOF incidente sobre operações de câmbio os compradores

---

[135] De acordo com o art. 2º da Resolução Bacen nº 3.568/2008, as autorizações para operar com câmbio somente podem ser concedidas pelo Banco Central do Brasil a "bancos múltiplos, bancos comerciais, caixas econômicas, bancos de investimento, bancos de desenvolvimento, bancos de câmbio, sociedades de crédito, financiamento e investimento, sociedades corretoras de títulos e valores mobiliários, sociedades distribuidoras de títulos e valores mobiliários e sociedades corretoras de câmbio".

ou vendedores da moeda estrangeira na operação referente às transferências financeiras para ou do exterior, respectivamente".

Deve-se destacar que "as transferências financeiras compreendem os pagamentos e os recebimentos em moeda estrangeira, independentemente da forma de entrega e da natureza das operações" (art. 12 do Riof). E responsáveis são as instituições autorizadas a operar em câmbio.

"A base de cálculo do IOF [-câmbio] é o montante, em moeda nacional, recebido, entregue ou posto à disposição, correspondente ao valor, em moeda estrangeira, da operação de câmbio", a teor do disposto no art. 64, II, do CTN.

Vale repisar que não encontra amparo na atual Constituição Federal o trecho do art. 65 do CTN[136] que autoriza o Poder Executivo a alterar as bases de cálculo do IOF. Dessa forma, o exercício da extrafiscalidade no âmbito do Executivo limita-se à alteração das alíquotas.

Por outro lado, os aumentos decorrentes da elevação de alíquotas por norma infralegal, assim como os decorrentes de lei que configure novas hipóteses de incidência, ou novas bases de cálculo, podem ser exigidos no mesmo exercício em que ocorrerem tais alterações.

De fato, como visto no tópico atinente aos aspectos gerais e constitucionais do imposto, as possíveis alterações nas alíquotas do IOF configuram exceção ao princípio da legalidade (art. 153, § 1º, da CRFB/1988) e ao princípio da anterioridade (art. 150, § 1º, da CRFB/1988). Vale lembrar, mais uma vez, que essa alteração deve respeitar os limites e parâmetros estabelecidos em lei.

A alíquota máxima do IOF-câmbio é de 25%, de acordo com o disposto no art. 5º da Lei nº 8.894/1994. Com fundamento no

---

[136] CTN: "Art. 65. O Poder Executivo pode, nas condições e nos limites estabelecidos em lei, alterar as *alíquotas* ou as *bases de cálculo* do imposto, a fim de ajustá-lo aos objetivos da política monetária" (grifo nosso).

disposto no parágrafo único do mesmo dispositivo da lei federal, o Poder Executivo pode reduzir e restabelecer a alíquota máxima de 25%, tendo em vista os objetivos das políticas monetária, cambial e fiscal.[137]

A alíquota foi reduzida a 0,38%, excetuadas as hipóteses previstas nos incisos I a XVIII do art. 15-B do Decreto nº 6.306/2007, com alterações do Decreto nº 8.325, de 7 de outubro de 2014:

> I - nas operações de câmbio relativas ao ingresso no País de receitas de exportação de bens e serviços: zero;
>
> II - nas operações de câmbio de natureza interbancária entre instituições integrantes do Sistema Financeiro Nacional autorizadas a operar no mercado de câmbio e entre estas e instituições financeiras no exterior: zero;
>
> III - nas operações de câmbio, de transferências do e para o exterior, relativas a aplicações de fundos de investimento no mercado internacional, nos limites e condições fixados pela Comissão de Valores Mobiliários: zero;
>
> IV - nas operações de câmbio realizadas por empresas de transporte aéreo internacional domiciliadas no exterior, para remessa de recursos originados de suas receitas locais: zero;
>
> V - nas operações de câmbio relativas a ingresso de moeda estrangeira para cobertura de gastos efetuados no país com utilização de cartão de crédito emitido no exterior: zero;
>
> VI - nas operações de câmbio realizadas para ingresso no país de doações em espécie recebidas por instituições financeiras públicas controladas pela União e destinadas a ações de pre-

---

[137] Lei nº 8.894/1994: "Art. 5º. O Imposto sobre Operações de Crédito, Câmbio e Seguro, ou relativas a Títulos e Valores Mobiliários (IOF), incidente sobre operações de câmbio será cobrado à alíquota de vinte e cinco por cento sobre o valor de liquidação da operação cambial. Parágrafo único. O Poder Executivo poderá reduzir e restabelecer a alíquota fixada neste artigo, tendo em vista os objetivos das políticas monetária, cambial e fiscal".

venção, monitoramento e combate ao desmatamento e de promoção da conservação e do uso sustentável das florestas brasileiras, de que trata a Lei nº 11.828, de 20 de novembro de 2008: zero;

VII - nas operações de câmbio destinadas ao cumprimento de obrigações de administradoras de cartão de crédito ou de débito ou de bancos comerciais ou múltiplos na qualidade de emissores de cartão de crédito decorrentes de aquisição de bens e serviços do exterior efetuada por seus usuários, observado o disposto no item 8, abaixo: seis inteiros e trinta e oito centésimos por cento;

VIII - nas operações de câmbio destinadas ao cumprimento de obrigações de administradoras de cartão de crédito ou de débito ou de bancos comerciais ou múltiplos na qualidade de emissores de cartão de crédito decorrentes de aquisição de bens e serviços do exterior quando forem usuários do cartão a União, Estados, Municípios, Distrito Federal, suas fundações e autarquias: zero;

IX - nas operações de câmbio destinadas ao cumprimento de obrigações de administradoras de cartão de uso internacional ou de bancos comerciais ou múltiplos na qualidade de emissores de cartão de crédito ou de débito decorrentes de saques no exterior efetuados por seus usuários: seis inteiros e trinta e oito centésimos por cento;

X - nas liquidações de operações de câmbio para aquisição de moeda estrangeira em cheques de viagens e para carregamento de cartão internacional pré-pago, destinadas a atender gastos pessoais em viagens internacionais: seis inteiros e trinta e oito centésimos por cento;

XI - nas liquidações de operações de câmbio de ingresso e saída de recursos no e do país, referentes a recursos captados a título de empréstimos e financiamentos externos, excetuadas as operações de que trata o inciso 12: zero;

XII - nas liquidações de operações de câmbio para ingresso de recursos no País, inclusive por meio de operações simultâneas, referente a empréstimo externo, sujeito a registro no Banco Central do Brasil, contratado de forma direta ou mediante emissão de títulos no mercado internacional com prazo médio mínimo de até cento e oitenta dias: seis por cento;

XIII - nas liquidações de operações de câmbio para remessa de juros sobre o capital próprio e dividendos recebidos por investidor estrangeiro: zero;

XIV - nas liquidações de operações de câmbio contratadas por investidor estrangeiro para ingresso de recursos no País, inclusive por meio de operações simultâneas, para constituição de margem de garantia, inicial ou adicional, exigida por bolsas de valores, de mercadorias e futuros: zero;

XV - nas liquidações de operações simultâneas de câmbio para ingresso no país de recursos através de cancelamento de *Depositary Receipts - DR*, para investimento em ações negociáveis em bolsa de valores: zero;

XVI - nas liquidações de operações de câmbio contratadas por investidor estrangeiro para ingresso de recursos no país, inclusive por meio de operações simultâneas, para aplicação nos mercados financeiro e de capitais: zero;

XVII - nas liquidações de operações de câmbio para fins de retorno de recursos aplicados por investidor estrangeiro nos mercados financeiro e de capitais: zero; e

XVIII - na operação de compra de moeda estrangeira por instituição autorizada a operar no mercado de câmbio, contratada simultaneamente com operação de venda, exclusivamente quando requerida em disposição regulamentar: zero.

Até 5 de dezembro de 2012, o prazo médio mínimo dos empréstimos externos ao país, sujeitos a alíquota de 6% de IOF, era de 360 dias. Porém, em junho de 2014, o Decreto nº 8.263

alterou o prazo médio mínimo para 180 dias, e esse prazo foi mantido em 7 de outubro de 2014, quando das alterações promovidas pelo Decreto nº 8.325 no Decreto nº 6.306/2007.

Com isso, os empréstimos externos com prazo médio de até 180 dias seguem com IOF de 6%; naqueles com prazo médio de 181 em diante, o IOF fica zerado.

A alteração incide tanto para empréstimos diretos quanto para os tomados mediante emissão de títulos no mercado internacional.

É importante destacar, ainda em relação às alíquotas do IOF-câmbio, que o governo federal, por meio do Decreto nº 7.412/2010, alterou o Riof (Decreto nº 6.306/2007), promovendo, em síntese, as seguintes mudanças na legislação:

1) O art. 15 do Decreto nº 6.306/2007, que regulamenta o IOF, foi consolidado para eliminar as várias remissões.
2) Os arts. 26, 27, 32-A e 35 do decreto do IOF foram alterados para melhorar a redação e esclarecer quem é responsável pelo tributo, qual é sua base de cálculo e quando deve ser feita a cobrança e o recolhimento pelo responsável. A modificação do art. 32-A extingue o IOF de curto prazo das operações de renda fixa privada.

Por fim, cumpre destacar que, de acordo com o disposto no art. 70, II, "b", da Lei nº 11.196/2005, o IOF-câmbio deve ser recolhido ao Tesouro Nacional até o último dia útil do mês subsequente ao de ocorrência dos fatos geradores no caso de operações relativas a contrato de derivativos financeiros.

IOF-câmbio e a importação e exportação de bens e serviços

No contexto de importações e exportações praticadas pelos contribuintes do imposto, a incidência do IOF na importação de serviços observará a alíquota de 0,38% na liquidação do câmbio ao passo que, na importação de bens, a operação é isenta.[138]

Lembramos que, por se tratar de um imposto extrafiscal, o IOF está sujeito a diversas oscilações, isto é, considerando as constantes mudanças na política cambial, de investimento e de comércio exterior, o imposto federal submete-se a alterações de acordo com as políticas que o governo pretende implementar, de incentivo ou desincentivo a determinadas condutas.

No plano das exportações, por exemplo, o governo federal, pelo Decreto nº 6.339/2008, elevou as alíquotas do IOF sobre diversas operações de crédito, câmbio e seguros. Pela legislação anterior a janeiro de 2008, a alíquota do IOF era zero sobre operações de câmbio destinadas ao pagamento de importações de bens e serviços, bem como na conversão de moeda estrangeira proveniente de exportações de bens e serviços. A partir do Decreto nº 6.339/2008, as operações de câmbio vinculadas à exportação de bens e serviços passaram a ser tributadas com alíquota de 0,38%. A alíquota, entretanto, foi novamente fixada em zero a partir de março de 2008, com a entrada em vigor do Decreto nº 6.391/2008. Por sua vez, no caso das operações ligadas a importações, a alíquota de 0,38% passou a incidir apenas sobre serviços.

Portanto, atualmente as operações de câmbio resultantes de importações de bens estão isentas do tributo, mas há incidência do IOF na importação de serviços, pela alíquota de 0,38%, na liquidação do câmbio. A seu turno, as operações de câmbio vinculadas à exportação de bens e serviços têm alíquota zero atualmente (art. 15-B, I, do Riof).

---

[138] O PIS e a Cofins, contribuições que atingem a importação de bens, sofreram alterações do governo em 2015. A carga tributária aumentou 2,5%, ao serem majoradas as alíquotas para 9,25% e 11,25%, respectivamente.

IOF-seguro[139]

Segundo dispõe o Código Civil em vigor no seu art. 757, o contrato de seguro é aquele por meio do qual o segurador se obriga a garantir, contra riscos predeterminados, interesse legítimo do segurado, relativo à pessoa ou à coisa, mediante o pagamento do prêmio.

Nessa linha, o seguro é contrato oneroso e bilateral pelo qual o segurador se obriga perante o segurado, mediante o recebimento de uma importância estipulada (*o prêmio*), a indenizá-lo de prejuízo decorrente de evento possível, futuro e incerto (*sinistro*).

Dessa forma, o *segurado* paga o *prêmio* e o *segurador* em razão do recebimento do prêmio e da obrigação contratual, paga a indenização se ocorrer o *sinistro*.

O IOF-seguro somente incide se realizado o contrato de seguro por meio de sociedade seguradora, e inclui seguros de vida e congêneres, de acidentes pessoais e do trabalho, seguros de bens, valores e outros não especificados. Os contribuintes do IOF-seguro são as pessoas físicas ou jurídicas seguradas, sendo as seguradoras ou as instituições financeiras responsáveis pela cobrança do imposto e pelo seu recolhimento ao Tesouro Nacional.

O art. 63, II, do CTN estabelece uma faculdade quanto à hipótese de incidência, que pode ocorrer pela efetivação, alternativamente, da (1) *emissão da apólice* (ou de documento equivalente) ou (2) do *recebimento do prêmio*, na forma da lei aplicável.

De acordo com o disposto no art. 1º, II, da Lei nº 5.143/1966, nos termos regulamentados pelo art. 18 do Riof, ocorre o fato

---
[139] Os arts. 18 a 24 do Riof (Decreto nº 6.306/2007) disciplinam o IOF-seguro.

gerador do IOF-seguro quando do *recebimento do prêmio* (total ou parcial). Assim, a ocorrência ou não do *sinistro* é irrelevante para efeitos tributários relativamente ao IOF.

O art. 15 da Lei nº 9.718/1998 estabelece que a alíquota do IOF é de 25%. Por sua vez, o § 1º do art. 22 do Riof reduz as alíquotas aplicáveis, que variam em função da espécie do seguro contratado.

Seguem alguns exemplos de incidência do IOF-seguro de acordo com a disciplina fixada no Riof:

1) nas operações de resseguro, de seguro obrigatório vinculado a financiamento de imóvel habitacional, realizado por agente do Sistema Financeiro de Habitação, de seguro de crédito à exportação e de transporte internacional de mercadorias, de seguro aeronáutico e de seguro de responsabilidade civil pagos por transportador aéreo e nas operações em que o valor dos prêmios seja destinado ao custeio dos planos de seguro de vida com cobertura por sobrevivência: zero;
2) nas operações de seguro de vida e congêneres, de acidentes pessoais e do trabalho, incluídos os seguros obrigatórios de danos pessoais causados por veículos automotores de vias terrestres e por embarcações, ou por sua carga, a pessoas transportadas ou não: 0,38%;
3) nas operações de seguros privados de assistência à saúde: 2,38%;
4) nas demais operações: 7,38%.

Por fim, vale destacar a decisão do Supremo Tribunal Federal na Ação Direta de Inconstitucionalidade nº 1.648, que proferiu acórdão fundamentado na premissa de que a "alienação de salvados configura atividade integrante das operações de seguros", submetida, portanto, exclusivamente à incidência do IOF-seguro.

IOF-títulos

O fato gerador do IOF-títulos é a *aquisição, cessão, resgate, repactuação* ou *pagamento* para liquidação de títulos e valores mobiliários, e este se torna devido no ato da realização das referidas operações.

O IOF-títulos aplica-se a qualquer operação, independentemente da qualidade ou da forma jurídica de constituição do beneficiário da operação ou do titular, estando abrangidos, entre outros, fundos de investimento e carteiras de títulos e valores mobiliários, fundos ou programas, ainda que sem personalidade jurídica, e entidades de previdência privada.

A incidência do IOF-crédito exclui a incidência do IOF-títulos e vice-versa. Nas operações de crédito representadas por títulos, haverá incidência do IOF-títulos, excluindo-se a incidência do IOF-crédito.

São contribuintes do IOF-títulos os adquirentes de títulos ou valores mobiliários e os titulares de aplicações financeiras (Decreto-Lei nº 1.783/1980, art. 2º,[140] e Lei nº 8.894/1994, art. 3º, II);[141] as instituições financeiras e demais instituições autorizadas a funcionar, pelo Bacen, na liquidação de operações inferiores a 95% do valor inicial da operação (Lei nº 8.894/1994, art. 3º, III; art. 28, I e II, do Riof).[142]

Os responsáveis pelo IOF-títulos são as instituições autorizadas a operar na compra e venda de títulos e valores mobiliários;

---

[140] Decreto-Lei nº 1.783/1980: "Art. 2º. São contribuintes do imposto os tomadores do crédito, os segurados, os compradores de moeda estrangeira e os adquirentes de títulos e valores mobiliários".
[141] Lei nº 8.894/1994: "Art. 3º. São contribuintes do imposto: [...]; II - os adquirentes de títulos e valores mobiliários e os titulares de aplicações financeiras, na hipótese prevista no art. 2º, inciso II, alínea 'a'".
[142] Decreto nº 6.306/2007 (Riof): "Art. 28. A base de cálculo do IOF é o valor (Lei nº 8.894, de 1994, art. 2º, II): I - de aquisição, resgate, cessão ou repactuação de títulos e valores mobiliários; [...] IV - do pagamento para a liquidação das operações referidas no inciso I, quando inferior a noventa e cinco por cento do valor inicial da operação".

as bolsas de valores, de mercadorias, de futuros e assemelhadas, em relação às aplicações financeiras realizadas em seu nome, por conta de terceiros e tendo por objeto recursos destes; a instituição que liquidar a operação perante o beneficiário final, no caso de operação realizada por meio do Sistema Especial de Liquidação e de Custódia (adiante apenas Selic) ou da Central de Custódia e de Liquidação Financeira de Títulos (adiante apenas Cetip); o administrador do fundo de investimento; a instituição que intermediar recursos, junto a clientes, para aplicações em fundos de investimentos administrados por outra instituição, na forma prevista em normas baixadas pelo CMN; a instituição que receber as importâncias referentes à subscrição das cotas do fundo de investimento imobiliário e do fundo mútuo de investimento em empresas emergentes.

Nos termos do art. 28 do Riof, a base de cálculo do IOF--títulos será o valor:

> I - de aquisição, resgate, cessão ou repactuação de títulos e valores mobiliários;
> II - da operação de financiamento realizada em bolsas de valores, de mercadorias, de futuros e assemelhadas;
> III - de aquisição ou resgate de cotas de fundos de investimento e de clubes de investimento;
> IV - do pagamento para a liquidação das operações referidas no inciso I [aquisição, resgate, cessão ou repactuação de títulos e valores mobiliários], quando inferior a noventa e cinco por cento do valor inicial da operação.

Em geral, tem-se:

> Art. 29. O IOF será cobrado à alíquota máxima de um vírgula cinco por cento ao dia sobre o valor das operações com títulos ou valores mobiliários.

Art. 30. Aplica-se a alíquota de que trata o art. 29 nas operações com títulos e valores mobiliários de renda fixa e de renda variável, efetuadas com recursos provenientes de aplicações feitas por investidores estrangeiros em cotas de Fundo de Investimento Imobiliário e de Fundo Mútuo de Investimento em Empresas Emergentes, observados os seguintes limites:
I - quando referido fundo não for constituído ou não entrar em funcionamento regular: dez por cento;
II - no caso de fundo já constituído e em funcionamento regular, até um ano da data do registro das cotas na Comissão de Valores Mobiliários: cinco por cento.

Art. 31. O IOF [-títulos] será cobrado à alíquota 0,5% ao dia sobre o valor de resgate de quotas de fundos de investimento, constituídos sob qualquer forma, na hipótese de o investidor resgatar cotas antes de completado o prazo de carência para crédito dos rendimentos.
Parágrafo único. O IOF [-títulos] de que trata este artigo fica limitado à diferença entre o valor da cota, no dia do resgate, multiplicado pelo número de cotas resgatadas, deduzido o valor do imposto de renda, se houver, e o valor pago ou creditado ao cotista.

A alíquota será de 1% ao dia sobre o valor do resgate, cessão ou repactuação, limitado ao rendimento da operação, em função do prazo, conforme tabela constante do anexo do Riof (nos termos do anexo ao Riof, após 30 dias a alíquota cai para zero). Essa alíquota de 1% ao dia aplica-se (§ 1º do art. 32 do Riof):

I - às operações realizadas no mercado de renda fixa;
II - ao resgate de cotas de fundos de investimento e de clubes de investimento, ressalvado o disposto no inciso IV do § 2º [operações relativas a títulos ou valores mobiliários].

A alíquota zero nas operações encontra-se disciplinada no § 2º do art. 32 do Riof:

Art. 32. [...]

§ 2º. Ficam sujeitas à alíquota zero as operações:
I - de titularidade das instituições financeiras e das demais instituições autorizadas a funcionar pelo Banco Central do Brasil, excluída a administradora de consórcio de que trata a Lei nº 11.795, de 8 de outubro de 2008;
II - das carteiras dos fundos de investimento e dos clubes de investimento;
III - do mercado de renda variável, inclusive as realizadas em bolsas de valores, de mercadorias, de futuros e entidades assemelhadas (exceto operações conjugadas);
IV - de resgate de cotas dos fundos e clubes de investimento em ações, assim considerados pela legislação do imposto de renda;
V - com Certificado de Direitos Creditórios do Agronegócio – CDCA, com Letra de Crédito do Agronegócio – LCA, e com Certificado de Recebíveis do Agronegócio – CRA, criados pelo art. 23 da Lei nº 11.076, de 30 de dezembro de 2004; e [ver art. 2º do Decreto nº 7.487/2011];
VI - com debêntures de que trata o art. 52 da Lei nº 6.404, de 15 de dezembro de 1976, com Certificados de Recebíveis Imobiliários de que trata o art. 6º da Lei nº 9.514, de 20 de novembro de 1997, e com Letras Financeiras de que trata o art. 37 da Lei nº 12.249, de 11 de junho de 2010 [ver art. 2º do Decreto nº 7.487/2011];
VII - de negociação de cotas de Fundos de Índice de Renda Fixa em bolsas de valores ou mercado de balcão organizado.

Além disso, como disposto no art. 32-A do Riof:

A partir de 24 de dezembro de 2013, foi reduzida a zero a alíquota incidente na cessão de ações que sejam admitidas à negociação em bolsa de valores localizada no Brasil, com o fim específico de lastrear a emissão de *depositary receipts* - DR negociados no exterior. (Redação do art. 32-A do RIOF dada pelo Decreto nº 8.165, de 23 de dezembro de 2013).

Por fim, como determina o art. 33 do Riof, a alíquota do IOF-títulos encontra-se a zero "nas demais operações com títulos ou valores mobiliários, inclusive no resgate de cotas do Fundo de Aposentadoria Individual Programada – Fapi, instituído pela Lei nº 9.477, de 24 de julho de 1997".

O MERCADO DE CAPITAIS E O IOF

O mercado financeiro é subdividido em mercado financeiro *stricto sensu* e mercado de capitais. No mercado de capitais, diferentemente do mercado financeiro, o fluxo de recursos entre aqueles que dispõem de capital e os que dele necessitam se dá de maneira direta, ou seja, sem a intermediação de uma instituição financeira. O mercado de capitais é também chamado mercado da desintermediação financeira. Conceito comumente adotado na área de finanças é que o mercado de capitais envolve operações de longo prazo e de prazo indeterminado destinadas ao financiamento de capital de giro e, predominantemente, de capital fixo. No mercado de capitais, o investidor participa do investimento e seu retorno se dá, na maioria das vezes, pela participação no resultado. Por outro lado, no mercado financeiro *stricto sensu*, o capital do investidor é remunerado, na maioria das vezes, por juros; não há "participação" do investidor no negócio desenvolvido pelo tomador dos recursos.

IOF NAS TRANSAÇÕES NACIONAIS E INTERNACIONAIS VINCULADAS AO MERCADO DE TÍTULOS E VALORES MOBILIÁRIOS[143]

O fato gerador do IOF sobre as operações relativas a títulos e valores mobiliários é a aquisição, cessão, resgate, repactuação ou pagamento para liquidação de títulos e valores mobiliários e considera-se ocorrido no ato de realizar a operação.

O IOF-TVM é devido sobre qualquer operação, independentemente da qualidade ou da forma jurídica de constituição das partes nela envolvidas, estando abrangidas instituições não financeiras, tais como fundos de investimentos e carteiras de títulos e valores mobiliários, fundos ou programas, ainda que sem personalidade jurídica, além de entidades de previdência privada.

A base de cálculo é o valor da operação (art. 28 do Riof):

> I - de aquisição, resgate, cessão ou repactuação de títulos e valores mobiliários;
> II - da operação de financiamento realizada em bolsas de valores, de mercadorias, de futuros e assemelhadas;
> III - de aquisição ou resgate de cotas de fundos de investimento e de clubes de investimento;
> IV - do pagamento para a liquidação das operações referidas no inciso I, quando inferior a 95% do valor inicial da operação.

Nos termos do art. 29 do Decreto nº 6.306/2007, o IOF-TVM é devido a uma alíquota máxima de 1,5% ao dia sobre o valor das operações com títulos ou valores mobiliários.

Atualmente se aplicam:

1) a alíquota de 0,5% ao dia quando cobrado "sobre o valor de resgate de quotas de fundos de investimento, constituídos

---

[143] Os arts. 3º a 10 do Riof (Decreto nº 6.306/2007) disciplinam o IOF-crédito.

sob qualquer forma, na hipótese de o investidor resgatar cotas antes de completado o prazo de carência para crédito dos rendimentos" (art. 31 do Riof);
2) a alíquota de 1% ao dia quando cobrado "sobre o valor do resgate, cessão ou repactuação, limitado ao rendimento da operação, em função do prazo" (art. 32 do Riof);
3) 1,5% ao dia "nas operações com títulos e valores mobiliários de renda fixa e de renda variável, efetuadas com recursos provenientes de aplicações feitas por investidores estrangeiros em cotas de Fundo de Investimento Imobiliário e de Fundo Mútuo de Investimento em Empresas Emergentes, observados os seguintes limites":
   a) "quando referido fundo não for constituído ou não entrar em funcionamento regular: dez por cento";
   b) "no caso de fundo já constituído e em funcionamento regular, até um ano da data do registro das cotas na Comissão de Valores Mobiliários: cinco por cento" (art. 30 do Riof).

Como, em geral, a instituição que intermedeia a operação cobra o IOF na data de sua efetivação e efetua o recolhimento do Tesouro Nacional até o terceiro dia útil subsequente ao decênio da cobrança ou do registro contábil do imposto.

Questões de automonitoramento

1) Após ler este capítulo, você é capaz de resumir os casos geradores do capítulo 4, identificando as partes envolvidas, os problemas atinentes e as soluções cabíveis?
2) Pense e descreva, mentalmente, alternativas para a solução dos casos geradores do capítulo 4.

4

Sugestões de casos geradores

Apresentação do módulo. Desafios da tributação nacional na era da economia digital. Comércio exterior. Noções gerais. GATT e a OMC. Mercosul e a TEC. Aspectos constitucionais dos impostos de exportação e importação (IE e II) (cap. 1)

Caso gerador

A Importex, empresa localizada no Rio de Janeiro, Brasil, importa cosméticos de Buenos Aires, Argentina. No desembaraço aduaneiro, foi verificado que:

1) o certificado de origem foi expedido após o embarque da mercadoria;
2) a mercadoria foi enquadrada pela importadora de forma errônea na NCM.

Nesse cenário, apresente os argumentos de direito e jurisprudência capazes de fundamentar um mandado de segurança que assegure o direito líquido e certo da empresa de não ter o certificado de origem desqualificado.

Imposto de importação (II) e exportação (IE). Sujeição ativa e passiva. Fato gerador, base de cálculo e alíquota. Importação com e sem cobertura cambial. Drawback e Recof (cap. 2)

Caso gerador

Empresa Brasil Petróleo, cuja sede está no Rio de Janeiro, adquire da empresa Zein, situada na Alemanha, partes e peças para a construção de uma plataforma *offshore* para exploração de petróleo. Após adquirir as mercadorias, a Brasil Petróleo determina o envio dessas partes e peças para a montagem da plataforma em Cingapura e, terminada a referida construção, tal plataforma – que deveria, até então, ser enviada para o Brasil – é alugada pela empresa brasileira para a empresa americana Texas Oil & Gas. A referida empresa norte-americana, por sua vez, decide trazer a plataforma *offshore* recém-alugada para explorar petróleo na região de Macaé.

Tendo por base tal situação hipotética, responda fundamentadamente: Considerando que a empresa americana Texas Oil & Gas não é contribuinte no Brasil, incidirá o imposto de importação em alguma fase desta operação?

Imposto sobre operações de câmbio e de crédito (IOF). O mercado de capitais e o IOF (cap. 3)

Caso 1

Você foi procurado em seu escritório por um diretor de uma instituição financeira que apresentou a seguinte indagação:

"Pode a União exigir o denominado imposto sobre as operações financeiras (IOF) em relação aos saques em caderneta de poupança efetuados por meus clientes, tão somente por se tratar de operação financeira realizada por instituição integrante do sistema financeiro nacional (art. 17 da Lei nº 4.595, de 31 de dezembro de 1964)?".[144] Após o questionamento, apresentou cópia do *Diário Oficial da União* contendo a transcrição do art. 1º, V, da Lei nº 8.033/1990:

> Art. 1º. São instituídas as seguintes incidências do imposto sobre operações de crédito, câmbio e seguro, ou relativas a títulos ou valores mobiliários:
> I - [...]
> V - saques efetuados em cadernetas de poupança.

Qual seria seu parecer? Saque de caderneta de poupança pode ser objeto de incidência do imposto de que trata o art. 153, V, da Constituição da República Federativa do Brasil de 1988 (CRFB/1988)? E a liberação de depósitos judiciais para garantia da instância realizada pela instituição bancária consubstancia operação financeira tributável pelo IOF?

Caso 2

Você foi procurado em seu escritório pelo representante da Sapad Brasil Indústria e Comércio de Couros Ltda., sociedade residente no Brasil (mutuante) que concedeu empréstimo de R$ 2 milhões à Sapad Limited, empresa coligada (mutuária)

---

[144] Lei nº 4.595/1964: "Art. 17. Consideram-se instituições financeiras, para os efeitos da legislação em vigor, as pessoas jurídicas públicas ou privadas, que tenham como atividade principal ou acessória a coleta, intermediação ou aplicação de recursos financeiros próprios ou de terceiros, em moeda nacional ou estrangeira, e a custódia de valor de propriedade de terceiros".

localizada em Hong Kong. O preposto da empresa informa que a incidência do IOF ocorre na hipótese saída de moeda do país em razão de contrato de mútuo internacional, cuja operação é realizada por meio de *transferência* bancária, nos termos do art. 65 da Lei nº 9.069/1995.[145] Nesse sentido, deve ocorrer, necessariamente, uma transação cambial anterior à transferência, realizada por banco habilitado a operar em câmbio, consoante o disposto no art. 1º do Decreto nº 23.258/1933,[146] objetivando a conversão da moeda nacional em moeda estrangeira. Há, portanto, duas operações (operação de câmbio e operação de crédito). A empresa deseja saber se o caso sob exame se enquadra no disposto no § 2º do art. 2º do Decreto nº 6.306/2007 (grifo nosso), o qual estabelece:

> Art. 2º. [...]
> § 2º. Exclui-se da incidência do IOF referido no inciso I [em alusão às operações de crédito] a *operação de crédito externo*, sem prejuízo da incidência definida no inciso II [que se refere às operações de câmbio].

Dessa forma, a mutuante sustenta que estaria afastada a incidência de que trata o art. 13 da Lei nº 9.779/1999, o qual estabelece a tributação sobre as operações de mútuo de recursos financeiros! Qual é sua posição?

---

[145] Lei 9.069/1995: "Art. 65. O ingresso no país e a saída do país de moeda nacional e estrangeira devem ser realizados exclusivamente por meio de instituição autorizada a operar no mercado de câmbio, à qual cabe a perfeita identificação do cliente ou do beneficiário (Redação dada pela Lei nº 12.865, de 2013)".

[146] Decreto nº 23.258/1933: "Art. 1º. São consideradas operações de câmbio ilegítimas as realizadas entre bancos, pessoas naturais ou jurídicas, domiciliadas ou estabelecidas no país, com quaisquer entidades do exterior, quando tais operações não transitem pelos bancos habilitados a operar em câmbio, mediante prévia autorização da fiscalização bancária a cargo do Banco do Brasil".

Caso 3

Determinada sociedade anônima, de capital fechado, emitiu ações preferenciais resgatáveis, sem direito a voto, com direito a dividendo anual fixo equivalente à variação do IPCA + 6% do valor de emissão da ação, tudo conforme disposto na Lei nº 6.404/1976 e alterações posteriores. Tais ações foram subscritas e integralizadas por uma instituição financeira, tendo os demais acionistas aberto mão de seus direitos de preferência.

Tendo em vista o dividendo fixo, o detentor dessas ações não tem direito de subscrever futuros aumentos de capital.

Você foi indagado sobre a possível existência de IOF na operação, sob o argumento de que se trata de operação de crédito disfarçada. Qual sua posição? Existe algum IOF nessa operação?

Caso 4

A empresa XPTO, integrante do Programa de Sustentação do Investimento (PSI), que atua no segmento de telefonia no Brasil, o procura em seu escritório de advocacia informando que possui um contrato de crédito com uma instituição financeira e informa que tomou conhecimento da redução a zero da alíquota do IOF, instituída, em 1º de abril de 2013, pelo Decreto nº 7.975, que acrescentou o inciso XXVII ao art. 8º do Decreto nº 6.306/2007 (Regulamento do IOF):

> Art. 8º. A alíquota do imposto é reduzida a zero na operação de crédito, sem prejuízo do disposto no § 5º: (Redação dada pelo Decreto nº 7.011, de 18 de novembro de 2009)
> [...]
> XXVIII - realizada por instituição financeira, com recursos públicos ou privados, para financiamento de operações, contratadas a partir de 2 de abril de 2013, destinadas a aquisição,

produção e arrendamento mercantil de bens de capital, incluídos componentes e serviços tecnológicos relacionados, e o capital de giro associado, a produção de bens de consumo para exportação, ao setor de energia elétrica, a estruturas para exportação de granéis líquidos, a projetos de engenharia, à inovação tecnológica, e a projetos de investimento destinados à constituição de capacidade tecnológica e produtiva em setores de alta intensidade de conhecimento e engenharia e projetos de infraestrutura logística direcionados a obras de rodovias e ferrovias objeto de concessão pelo Governo federal, a que se refere o art. 1º da Lei nº 12.096, de 24 de novembro de 2009, e de acordo com os critérios fixados pelo Conselho Monetário Nacional e pelo Banco Central do Brasil; (Incluído pelo Decreto nº 7.975, de 1º de abril de 2013).

A empresa em questão afirma que o referido contrato de crédito: (1) foi fechado em meados de abril de 2013 e (2) tem como escopo o financiamento da aquisição, produção e arrendamento mercantil de bens de capital.

A dúvida quanto à possibilidade de usufruto da referida redução a zero da alíquota do IOF surgiu em razão de as exportadoras integrantes do PSI já possuírem direito à redução de juros, de modo que a redução a zero da alíquota do IOF representaria um *plus* nos benefícios oferecidos às empresas integrantes do referido programa, em relação às demais empresas do setor.

Neste contexto, considerando o recente posicionamento da Receita Federal do Brasil sobre o tema, qual seria a sua orientação à empresa XPTO?

Conclusão

A leitura deste livro, além de apresentar uma visão geral e sistemática aprofundada dos principais temas que envolvem os impostos incidentes no contexto da tributação federal sobre circulação, produção e comércio do país, permite constatar a elevada complexidade prática desse importante segmento do Sistema Tributário Nacional, tendo em vista os múltiplos exemplos e a contextualização da operacionalização das regras de incidência.

Após a introdução das noções de comércio exterior, incluindo a instituição do Acordo Geral sobre Tarifas e Comércio ou General Agreement on Tariffs and Trade (GATT) e a criação da Organização Mundial do Comércio (OMC) ou World Trade Organization (WTO, em inglês), foram examinados aspectos fundamentais dos impostos incidentes sobre a importação de produtos estrangeiros (II) e sobre a exportação, para o exterior, de produtos nacionais ou nacionalizados (IE). A existência de diversos regimes aduaneiros especiais, como o *drawback* e o Recof, eleva sobremaneira o número de regras e regimes jurídicos existentes, o que potencializa a dificuldade do estudo de transações que envolvem o comércio exterior.

Em seguida, com a introdução do estudo do imposto incidente sobre as operações de crédito, câmbio, seguro ou relativas a títulos e valores mobiliários, foi possível identificar as múltiplas faces desse importante imposto federal de caráter regulatório. Com efeito, foi possível constatar que o apelidado imposto federal sobre operações financeiras (IOF) também incide na hipótese de financiamento corporativo entre instituições não financeiras, em âmbito nacional ou internacional. Dessa forma, tendo em vista incluir no campo de tributação diversas operações realizadas entre instituições não integrantes do Sistema Financeiro Nacional, o IOF consubstancia não apenas um, mas sim vários impostos, cujas competências encontram-se amalgamadas nas mãos da União.

Também o imposto federal sobre produtos industrializados (IPI) foi examinado de forma prática e sistemática, a partir de seu regime jurídico-constitucional, o que permite a compreensão do funcionamento de um imposto monofásico incidente sobre o valor adicionado, apesar da existência de diversas regras que estabelecem a equiparação de atacadistas e varejistas a estabelecimentos industriais, o que eleva a complexidade desse tributo.

Por fim, foi apresentada uma visão interdisciplinar desses impostos de competência da União, o que revela, conforme já destacado, a complexidade dos impostos federais incidentes no contexto da tributação federal sobre circulação, produção e comércio do país.

Referências

AMARAL, Antonio Carlos Rodrigues do (Coord.). *Direito do comércio internacional*. São Paulo: Lex, 2004.

ARAÚJO, Ana Clarissa M. S.; SARTORI, Ângela. *Drawback e o comércio exterior*: visão jurídica e operacional. São Paulo: Aduaneiras, 2004.

____; ____. *Drawback e o comércio exterior*. São Paulo: Aduaneiras, 2005.

BALASSA, Béla. *Teoria da integração econômica*. Trad. Maria Filipa Gonçalves e Maria Elsa Ferreira. Lisboa: Clássica, 1964.

BARRAL, Welber; PIMENTEL, Luiz Otávio. *Comércio internacional e desenvolvimento*. Florianópolis: Fundação Boiteux, 2006.

BARRETO, Aires Fernandino. Natureza jurídica do imposto criado pela MP 160/1980. *Repertório IOB de Jurisprudência*, São Paulo, n. 10, maio 1990.

BARROS, André Ferreira de. *Aspectos jurídicos do Repetro*. Rio de Janeiro: Lumen Juris, 2003.

BERSTEIN, Serge; MILZA, Pierre. *História do século XX (1945-1973)*: o mundo entre a guerra e a paz. São Paulo: Companhia Editora Nacional, 2007. v. 2.

CASTRO, José Augusto de. *Exportação*: aspectos práticos e operacionais. 5. ed. São Paulo: Aduaneiras, 2001.

CAVES, Richard E.; FRANKEL, Jeffrey A.; JONES, Ronald W. *Economia internacional*: comércio e transações globais. São Paulo: Saraiva, 2001.

COELHO, Guiomar. *Tributos sobre o comércio exterior*. 2. ed. São Paulo: Lex, 2006.

COÊLHO, Sacha Calmon Navarro. *Curso de direito tributário brasileiro*. 19. ed. Rio de Janeiro: Forense, 2006.

COIMBRA, Delfim Bouças. *O conhecimento de carga no transporte marítimo*. 3. ed. São Paulo: Aduaneiras, 2004.

COSTA, Leonardo de Andrade. A integração de mercados e as questões tributárias. Repercussões sociais. In: SEMINÁRIO BRASIL SÉCULO XXI: O DIREITO NA ERA DA GLOBALIZAÇÃO: MERCOSUL, ALCA E UNIÃO EUROPEIA: PALESTRAS, 2002, Brasília. *Anais...* Brasília: OAB, Conselho Federal, 2002.

DEIRO, Daniel Girardi; MALLMANN, Maria Izabel. *O GATT e a Organização Mundial do Comércio no cenário econômico internacional desde Bretton-Woods*. Disponível em: <www.pucrs.br/ffch/neroi/artigodaniel.pdf>. Acesso em: 3 jun. 2014.

FALLONI, André Parmo. *Tributação sobre o comércio exterior*. São Paulo: Dialética, 2005.

HILÚ NETO, Miguel. *Imposto sobre importações e imposto sobre exportações*. São Paulo: Quartier Latin, 2003.

HOBSBAWM, Eric. *Era dos extremos*: o breve século XX, 1914-1991. 2. ed. São Paulo: Companhia das Letras, 2009.

LOPEZ, José Manuel Cortinas; GAMA, Marilza. *Comércio exterior competitivo*. 2. ed. São Paulo: Lex, 2005.

MATTKE, Marcos V. *O Acordo Geral de Tarifas e Comércio e a construção da hegemonia político-econômica dos EUA após a II Guerra Mundial (1947-1994)*. Monografia (graduação) – Centro Universitário Curitiba (Unicuritiba), Curitiba, 2010.

MEDEIROS, Eduardo Raposo de. *Economia internacional.* 5. ed. Lisboa: Revista Actualizada, 1996.

MELLO, José Eduardo Soares de. *Importação e exportação no direito tributário.* 2. ed. São Paulo: Revista dos Tribunais. 2012.

MENDONÇA, J. X. Carvalho de. *Tratado de direito comercial brasileiro.* [S.l.]:[s.n.], [s.d.]

MOREIRA, Assis. Brasil não descarta entrar em mega-acordos. *Valor Econômico*, São Paulo, 22 dez. 2015, p. A12.

NASSER, Rabih Ali. *A OMC e os países em desenvolvimento.* São Paulo: Aduaneiras, 2002.

_____. *A OMC e os países em desenvolvimento.* São Paulo: Aduaneiras, 2003.

OLIVEIRA, Celso Maran de. *Mercosul:* livre circulação de mercadorias. Medidas protecionistas a serem levantadas no Mercosul rumo ao mercado comum: processo comparativo com a União Europeia. Curitiba: Juruá, 2002.

_____. *Mercosul:* livre circulação de mercadorias: In: PAULSEN, Leandro; MELO, José Eduardo Soares de. *Impostos federais, estaduais e municipais.* 5. ed. Porto Alegre: Livraria do Advogado, 2010.

OLIVEIRA, Marcos Cavalcante de. *Moeda, juros e instituições financeiras.* Rio de Janeiro: Forense, 2006.

PAULSEN, Leandro; MELO, José Eduardo Soares de. *Impostos federais, estaduais e municipais.* 5. ed. Porto Alegre: Livraria do Advogado, 2010.

QUINTANS, Luiz Cesar P. *Manual de direito do petróleo.* São Paulo: Atlas, 2015.

SOARES, Cláudio César. *Introdução ao comércio exterior:* fundamentos teóricos do comércio internacional. São Paulo: Saraiva, 2004.

STIGLITZ, Joseph E. *A globalização e seus malefícios.* São Paulo: Futura, 2002.

UCKMAR, Victor et al. *Manual de direito tributário internacional.* São Paulo: Dialética, 2012.

VASQUEZ, José Lopes. *Manual de exportações.* São Paulo: Atlas, 1999.

Sites

Banco Central do Brasil: <www.bacen.gov.br>.

Direito Público: <www.direitopublico.com.br/>.

Ministério das Relações Exteriores: <www.mre.gov.br>.

Ministério do Desenvolvimento, Indústria e Comércio Exterior do Brasil: <www.desenvolvimento.gov.br/sitio/interna/interna.php?area=5&menu=368>.

Mundo Jurídico: <www.mundojuridico.adv.br/>.

OMC: <www.wto.org/>.

Palácio do Planalto: <www.planalto.gov.br/>.

Portal Brasileiro do Comércio Exterior: <www.comexbrasil.gov.br/>.

Programa Portal Único de Comércio Exterior: <http://portal.siscomex.gov.br/conheca-o-portal/portal-unico-de-comercio-exterior>.

Receita Federal: <www.receita.fazenda.gov.br>.

Regime Aduaneiro de Entreposto Industrial sob Controle Informatizado: <www.recof.com.br/regime_recof.htm>.

Relatório de Desenvolvimento Humano de 2011: <http://hdr.undp.org/en/media/HDR_2011_PT_Complete.pdf>.

Secretaria do Comércio Exterior: <www.mdic.gov.br/comext/default.html>.

Superior Tribunal de Justiça: <www.stj.gov.br/>.

Supremo Tribunal Federal: <www.stf.gov.br/>.

Organizadores

Na contínua busca pelo aperfeiçoamento de nossos programas, o Programa de Educação Continuada da FGV DIREITO RIO adotou o modelo de sucesso atualmente utilizado nos demais cursos de pós-graduação da Fundação Getulio Vargas, no qual o material didático é entregue ao aluno em formato de pequenos manuais. O referido modelo oferece ao aluno um material didático padronizado, de fácil manuseio e graficamente apropriado, contendo a compilação dos temas que serão abordados em sala de aula durante a realização da disciplina.

A organização dos materiais didáticos da FGV DIREITO RIO tem por finalidade oferecer o conteúdo de preparação prévia de nossos alunos para um melhor aproveitamento das aulas, tornando-as mais práticas e participativas.

Joaquim Falcão – diretor da FGV DIREITO RIO

Doutor em educação pela Université de Génève. *Master of Laws* (LL.M) pela Harvard University. Bacharel em direito pela Pontifícia Universidade Católica do Rio de Janeiro (PUC-Rio).

Diretor da Escola de Direito do Rio de Janeiro da Fundação Getulio Vargas (FGV DIREITO RIO).

Sérgio Guerra – vice-diretor de ensino, pesquisa e pós-graduação da FGV DIREITO RIO

Pós-doutor em administração pública pela Ebape/FGV. Doutor e mestre em direito. *Visiting researcher* na Yale Law School (2014). Coordenador do curso International Business Law – University of California (Irvine). Editor da *Revista de Direito Administrativo* (RDA). Consultor jurídico da OAB/RJ (Comissão de Direito Administrativo). Professor titular de direito administrativo, coordenador do mestrado em direito da regulação e vice-diretor de ensino, pesquisa e pós-graduação da FGV DIREITO RIO.

Rafael Alves de Almeida – coordenador da pós-graduação *lato sensu* da FGV DIREITO RIO

Doutor em políticas públicas, estratégias e desenvolvimento pelo Instituto de Economia da Universidade Federal do Rio de Janeiro (UFRJ). *Master of Laws* (LL.M) em *international business law* pela London School of Economics and Political Science (LSE). Mestre em regulação e concorrência pela Universidade Candido Mendes (Ucam). Formado pela Escola de Magistratura do Estado do Rio de Janeiro (Emerj). Bacharel em direito pela UFRJ e em economia pela Ucam.

Colaboradores

Os cursos de pós-graduação da FGV DIREITO RIO foram realizados graças a um conjunto de pessoas que se empenhou para que eles fossem um sucesso. Nesse conjunto bastante heterogêneo, não poderíamos deixar de mencionar a contribuição especial de nossos professores e assistentes de pesquisa em compartilhar seu conhecimento sobre questões relevantes ao direito. A FGV DIREITO RIO conta com um corpo de professores altamente qualificado que acompanha os trabalhos produzidos pelos assistentes de pesquisa envolvidos em meios acadêmicos diversos, parceria que resulta em uma base didática coerente com os programas apresentados.

Nosso especial agradecimento aos colaboradores da FGV DIREITO RIO que participaram deste projeto:

Adilson Rodrigues Pires

Advogado tributarista. Doutor em direito econômico e sociedade pela Universidade Gama Filho (UGF). Professor adjunto de direito financeiro da Universidade do Estado do Rio de

Janeiro (Uerj). Presidente da Comissão de Direito Financeiro e Tributário do Instituto dos Advogados Brasileiros (IAB).

Adriana Nogueira Tôrres

Advogada do setor tributário do escritório Castro, Barros, Sobral, Gomes Advogados, com atuação, desde agosto de 2005, nas áreas de consultoria (nacional e internacional) e contencioso (administrativo e judicial), em âmbito federal, estadual e municipal. Membro da Comissão de Direito Constitucional da Ordem dos Advogados do Brasil (OAB), seccional Rio de Janeiro. Pós-graduada em direito tributário pela FGV. Tem MBA em contabilidade empresarial com ênfase nas normas internacionais pela Trevisan Escola de Negócios. Atua como pesquisadora e monitora das turmas de pós-graduação em direito tributário e empresarial da FGV.

Artur Diego Amorim Vieira

Doutorando e mestre em direito. Servidor público municipal lotado na Procuradoria Geral do Município do Rio de Janeiro. Assistente de ensino e de pesquisa nos cursos de pós-graduação da FGV DIREITO RIO. Graduado em direito pela Universidade Candido Mendes (Ucam). Tem experiência na área de direito, com ênfase em direito processual civil.

Cláudia Viana

Advogada tributarista, graduada pela Universidade Federal do Rio de Janeiro (UFRJ), com especialização em contabilidade geral e tributária pela FGV. Atua em consultoria jurídica e contencioso tributário, tanto na esfera administrativa quanto na judicial, em relação a todos os tributos, sem distinção.

Daniel Strauch Ribeiro

Formado em direito pela Universidade Federal Fluminense (UFF). Pós-graduado em *publishing management* pela FGV. Graduando em biblioteconomia e gestão de unidades de informação pela Universidade Federal do Rio de Janeiro (UFRJ).

Fábio Fraga

Graduado pela Faculdade de Direito da Pontifícia Universidade Católica do Rio de Janeiro (PUC-Rio). Pós-graduado em direito tributário pela Universidad de Salamanca (Espanha). Pós-graduado em direito de petróleo e gás pelo Instituto Brasileiro do Petróleo, Centro de Estudos Avançados e Pesquisas do Petróleo da Universidade do Estado do Rio de Janeiro (Uerj) e pela Faculdade de Direito de Campos. Doutorando na Universidade Autônoma de Lisboa. Ex-integrante de Rennó, Rennó e Lopes da Costa Advogados e de Avvad, Osório, Fernandes, Mariz, Moreira Lima e Fabião Advogados. Ex-advogado da Petrobras. Diretor do Grupo de Debates Tributários do Rio de Janeiro (GDT-Rio). Membro do Conselho Consultivo da Associação Brasileira de Direito Financeiro (ABDF). Membro do Conselho do Mestrado em Tributação Internacional da New York University (NYU).

Guilherme Villas Bôas e Silva

Bacharel em direito pela FGV DIREITO RIO e pós-graduado em direito tributário pela mesma instituição. Mestrando em direito tributário na FGV DIREITO SP. Advogado do escritório Pinheiro Neto Advogados.

Gustavo Brigagão

Presidente da Associação Brasileira de Direito Financeiro (ABDF); presidente da Câmara Britânica do Rio de Janeiro

(Britcham-RJ); membro do Executive Committee e General Council Member – Internacional Fiscal Association (IFA); diretor de relações institucionais do Centro de Estudos das Sociedades de Advogados (Cesa); diretor da Federação das Câmaras de Comércio do Exterior (FCCE); conselheiro da seccional do Rio de Janeiro da Ordem dos Advogados do Brasil (OAB); professor de direito tributário em cursos de pós-graduação da FGV; sócio do Escritório Ulhôa Canto.

Leonardo Costa

Coordenador da pós-graduação *lato sensu* em direito tributário da FGV DIREITO RIO, onde também é professor da graduação e da pós-graduação. Mestre em direito econômico e financeiro por Harvard Law School (Cambridge, MA), título expedido e validado pela Universidade de São Paulo (USP). Pós-graduado *lato sensu* em contabilidade pela Escola de Pós-Graduação em Economia da Fundação Getulio Vargas (FGV/EPGE). Bacharel em economia e direito pela Pontifícia Universidade Católica do Rio de Janeiro (PUC-Rio). Auditor fiscal da Receita Estadual do Estado do Rio de Janeiro com atuação na área normativa da Superintendência de Tributação.

Linneu de Albuquerque Mello

Graduado pela Universidade do Estado do Rio de Janeiro (Uerj), pós-graduado em tributação internacional e comparada pela Faculdade de Direito da Universidade de Harvard (EUA). Mestre e doutor pela Faculdade de Direito da Universidade de Michigan (EUA). Professor universitário, palestrante e autor de diversos artigos jurídicos. Membro da Ordem dos Advogados do Brasil (OAB), seccionais Rio de Janeiro e São Paulo.

Marcelo Ludolf

Pós-graduado em direito tributário pelo Instituto Brasileiro de Estudos Tributários (Ibet). Graduado em direito pela Pontifícia Universidade Católica do Rio de Janeiro (PUC-Rio). Tem curso de extensão em direito processual tributário pela Universidade Candido Mendes (Ucam). É membro da Ordem dos Advogados do Brasil (OAB), seccional Rio de Janeiro, da Associação Brasileira de Direito Financeiro (ABDF) e do Grupo de Debates Tributários do Rio de Janeiro (GDT-Rio). Assistente de pesquisa nos cursos de pós-graduação da FGV DIREITO RIO. Advogado e associado do escritório Basilio Advogados.

Márcia Luiza Mignone

Advogada e redatora. Pós-graduada em direito tributário pelo Instituto Brasileiro de Estudos Tributários (Ibet).

Rafaela Monteiro Montenegro

Graduada pela FGV DIREITO RIO. Atua como advogada na equipe tributária do escritório Siqueira Castro Advogados.

Rodolfo de Castro Souza Filho

Mestre em ciências contábeis pela Universidade do Estado do Rio de Janeiro (Uerj), economista pela Universidade Federal Fluminense (UFF), professor convidado da FGV, da Escola Superior de Administração Fazendária (Esaf) e da Fundação Instituto de Pesquisas Contábeis, Atuariais e Financeiras (USP/Fipecafi). Auditor fiscal da Receita Federal do Brasil, aposentado.

Silvio Kamogari

Economista. Pós-graduado em comércio exterior pelo Centro de Ensino Superior de Maringá (Cesumar-PR), *expert* em operações de aduana e comércio exterior do segmento automotivo.

Vânia Maria Castro de Azevedo

Pós-graduanda em língua portuguesa pela Universidade do Estado do Rio de Janeiro (Uerj). Especializada em *publishing management: o negócio do livro* pela FGV. Atua no mercado editorial como copidesque e revisora de livros técnicos e científicos e, atualmente, como revisora do material didático dos cursos de extensão e especialização da FGV DIREITO RIO.